我们一起解决问题

成长型思维

从平凡到优秀的七种思维模式

［英］乔·欧文 (Jo Owen) ◎著

傅婧瑛◎译

人民邮电出版社

北　京

图书在版编目（ＣＩＰ）数据

成长型思维：从平凡到优秀的七种思维模式 ／（英）
乔·欧文（Jo Owen）著 ；傅婧瑛译. -- 北京 ：人民邮
电出版社，2018.5
　　ISBN 978-7-115-45064-7

　　Ⅰ. ①成… Ⅱ. ①乔… ②傅… Ⅲ. ①思维方法
Ⅳ. ①B80

中国版本图书馆CIP数据核字(2018)第048978号

内 容 提 要

　　经过 14 年对世界各地领导者的研究，本书作者乔·欧文发现，最优秀、最成
功的领导者之所以和其他人做得不一样，其原因不仅仅在于他们的技能，而在于
他们思维模式的不同。

　　这本书会帮助你解密自己真正的潜力，告诉你如何拥有超越成功、终身成长
的七种重要思维模式。正确的思维模式能够帮助你发现职场上更多的机会，取得
意想不到的成功，让你的未来拥有不同的可能。从体育到教育，从创业到管理，
乔·欧文的原创调查与采访告诉我们，出色的领导者是如何与众不同地进行思考
与行动的。他们的思维模式稳定且可预测，我们可以从中学习。一旦形成本书所
倡导的思维模式，你就获得了终身成长的优势。

　　无论你是企业管理者、职业经理人，还是普通的职场人士，本书都将使你大受
裨益。本书的目的不是要改变你的本质，而是让你能够展现出自己最好的一面，发
挥出自己的最强实力，集中精力聚焦于自己的优势。这本书为你提供了简明的工具，
以期改变你的思维、行动和表现，帮助你从一个优秀的人成长为一个卓越的人。

◆　　　　著　　［英］乔·欧文（Jo Owen）
　　　　　　译　　傅婧瑛
　　　　责任编辑　董晓茜
　　　　责任印制　焦志炜
◆人民邮电出版社出版发行　　北京市丰台区成寿寺路 11 号
　　邮编　100164　　电子邮件　315@ptpress.com.cn
　　网址　http://www.ptpress.com.cn
　　固安县铭成印刷有限公司印刷
◆开本：880×1230　1/32
　　印张：8.5　　　　　　　　　　　　2018 年 5 月第 1 版
　　字数：150 千字　　　　　　　　2025 年 9 月河北第 49 次印刷
　　　　著作权合同登记号　图字：01-2016-5843 号

定　价：49.00 元
读者服务热线：（010）81055656　印装质量热线：（010）81055316
反盗版热线：（010）81055315

关于本书的赞誉和推荐

一个令人信服的例子表明，领导者的思维方式远比他们取得突破性成就所使用的技巧重要得多。它对我们如何看待自己的领导潜力和在组织中培养领导潜力有着深远的影响。

——激发教育 CEO　沙拉斯·吉万

乔·欧文提供了切实可行的建议，在这本写得很好的书中，他教你如何把正确的思维模式渗透到你的工作中。我强烈推荐它。

——Teach First CEO　布雷特·魏道慈

脚踏实地，可读性很强，这本书里充满了各种故事，可以启发我们，提醒我们什么是领导力。

——加拿大多伦多军事基地教育发展信托基金 CEO　史蒂夫·芒比

成长型思维是那些持续领先的企业和出色领导者的共同秘诀。看到作者历经 14 年在全球范围调研得出"从平凡到优秀的七种思维模式"，收获颇多，见贤思齐，力荐之。

——书享界创始人、前华为高级管理顾问　邓斌

成长型思维：
从平凡到优秀的七种思维模式

不断成长，是人生唯一的任务。每一个努力成长的人，都有能力拥有更好的生活，而成长型思维是成长的基础和保障。

——慈怀读书会创始人　陈晓峰

从商界领袖到体育明星、从部落首领到英国特工，这些改变了世界的人，有什么不同？《成长型思维》的作者用了 14 年时间对他们进行访谈，研究他们的共同之处，并总结成书。推荐你阅读本书，它使你检视自己，也帮你打下与更出色的人合作的基础。

——印象笔记 CEO　唐毅

他山之石，可以攻玉。想具备领导力，开创自己的事业，不妨先从已经成功的民间领袖身上借鉴他们的思维模式。

——清南师兄创始人　刘若晴

《成长型思维》不是泛泛的理论，我们可以在书中的许多民间领袖身上看到自己的影子。他们像我们大多数普通人一样，并未身居高职，也没有强大的背景作支撑，他们只是默默地遵循着正确的思维模式。事实上，七种成长型思维模式，我们只沿用一二，就能实现自身的成长。

——总裁读书会创始人　刘世英

刻苦和努力诚然是优秀的品质，但是不可否认，平等的成就并不意味着相同的努力。在技能更替日益加快的时代，对于有些粗心的企业管理者来说，只关心技能是个误区。正如书中所提到的："从平凡到伟大，就是技能到思维的过渡。"

——笔记侠创始人、CEO　柯洲

在工作中，我会接触到许多或平凡或优秀的人，渐渐地发现，优秀者并非都天赋异禀，从平凡到卓越是可以通过有效的学习、训练来实现的，其核心是思维模式的培养。认真阅读此书，相信在作者智慧的引领下，你也将破解自身潜能的密码，发现一个非凡的自己。

——掌阅科技 HRVP 张媛

成长是一个延续一生的课题，当遭遇挫折失败时，我们都不该一蹶不振、自我怀疑，甚至还没开始尝试，就畏葸不前。我们每个人都迫切地需要成长，成长永不止步。

——雾满拦江

在互联世界，所有的事物都在变化，并且会超出我们的想象。无论是迭代思维，还是用户思维，它们都是不断成长的实际表现。赋能成长的思维是目标导向，是逻辑的渐进，是创造性的思维，相信读者都能从《成长型思维》中获益，不断成长！

——教授、创新思维专家、《协同创新思维》《人才创新思维》作者 徐斌

这本书提醒我们，伟大的领导力并非来自于俯拾即是的工作技能，而是来自于一种思维模式。

——TelecityGroup CEO 迈克·托宾

推荐序

成长型思维助你成就非凡

刘凤瑜

微软（中国）有限公司大中华区人力资源服务总监

在信息通信技术、云计算、大数据、物联网等信息科技爆发和人工智能技术迅猛发展的今天，越来越多的企业把变革与创新作为其生存、发展，乃至取得竞争优势的核心战略。更为重要的是，时至今日，个人英雄主义的创新时代已经一去不复返了。今天和未来的企业创新不仅需要创新人才，更需要创新团队。同样，一个企业要想打造自己的核心竞争力，在你死我活的激烈竞争中赢得成长的先机，进而取得长久的竞争优势，不仅需要创新人才、创新团队和创新领导力，更需要进一步解放思想，打破已有的条条框框，进行自我革命甚至涅槃。因此，越来越多的企业将成长型思维（Growth Mindset）作为自己的企业文化。

成长型思维是斯坦福大学行为心理学教授卡罗尔·德韦

成长型思维：
从平凡到优秀的七种思维模式

（Carol Dweck）在其《终身成长》（MindSet）一书中提出的一个概念和一种心智模式，她将人的思维方式区别为"固定型思维"（Fixed Mindset）和"成长型思维"。在固定型思维模式之下，一个人常常认为事物是一成不变的，人也是很难改变的。他们总是静态地、片面地去看待一个人或一件事，更习惯于去寻找消极的因素，对世界的认识也总是偏于消极。他们不相信人会改变，在面对别人的缺点与不足时，更多的是打击与否定。他们惧怕犯错，不愿接受挑战，认为人的能力与生俱来，即使努力也不会有大的提高。而在成长型思维模式之下，一个人看待世界的方式往往非常灵活，他们相信世界上的所有事情都是在改变着的，世上的每一个人也都在不断地成长与进步。他们更愿意看到别人身上的优点和潜力，拥有积极的人生观，能包容自己的缺点，喜欢自己的个性，也能欣赏他人的优点，包容他人的个性。他们能够在面对自己时更加自信从容，在面对他人时更加宽容大度。他们相信努力和挫折可以不断提高自身的能力，每一次挑战都是让自己变得更强大的机会。因而，成长型思维可以使人拥抱学习和成长，理解努力对自己职业成长的积极作用，拥有面对挫折的良好适应能力。

很多企业之所以将成长型思维确定为自己的企业文化，其根本原因在于，企业想通过解放思想，打破员工头脑中的条条框框和思维定式，冲破他们的思维枷锁，使员工与企业一道实现突破，共创非凡。也就是说，这些企业从内心相信成长型思维可以助力企业成功。例如，近年来，微软公司成功地实现了战略转型，而其成功转型的根本原因，就在于微软以"同理心（Empathy）"和"成长型思维"对自己的"心灵"进行了重新探索并真正发现了公司的"灵魂"。微软是一家高科技企业，它不仅引领着全球科技的发展，同时也受到新的科技革命的强力冲击。如今，单凭一己之力已经无法准确地预测未来科技的变化了，但成长型思维可以使其更好地针对不确定性做出反应，在面对技术快速变化时能够不断纠正所犯的错误，并不断刷新业绩，从而走向成功。由此，微软公司毅然将成长型思维确定为自己的企业文化。也正因为如此，越来越多的企业都在不遗余力地对员工进行如何构建成长型思维的培训，并要求员工用成长型思维来规划和完成自己的工作任务，创造不凡的工作业绩。

对于员工而言，成长型思维确实能够帮助其成长并创造非凡。我国近代著名的政治家和战略家曾国藩曾说："谋大事者，首重格局。"即人的格局决定着一个人是否能够成就大事。同样，人在职场，最重要的不是其能力的高低，而是其格局的大小。而人的格局与人的思维能力和思维模式息息相关。你怎样去思考一件事，决定着你的人生轨迹，因为人的观念决定着人的行为，人的思维决定着人的高度。可见，人的思维能力和思维模式是多么重要。无论是成长型思维，还是固定型思维，其实都是我们自己做出的选择。令人遗憾的是，现在图书市场上有关成长型思维的书籍并不是很多，并且大都在探讨成长型思维在儿童教育方面的应用，而有关成长型思维在企业、商业界的应用，以及有关培养成长型思维可操作性方法的书籍更是少之又少。

　　令人高兴的是，英国 Teach First 联合创始人、企业家乔·欧文根据他 14 余年的企业管理实践和对世界不同行业及地域的上千名领导者的调查研究结果，撰写了《成长型思维：从平凡到优秀的七种思维模式》一书。更为幸运的是，该书的中文版即将由人民邮电出版社出版，很快就会与广大读者见面了。当我拿到该书的翻译初稿时，在匆匆地浏览了该书的目录后，一下子就被其目录内容深深地吸引了：这正是我现在要找的书。

　　这是一本关于一个管理者甚至一个普通的职场人士如何从平凡到优秀的管理类书籍。基于成长型思维这一心智模式，乔·欧文概括出了七种具有成长意义的思维模式，依次分别为志存高远、勇于行动、坚韧不屈、积极乐观、承担责任、善于合作和不断成长。志存高远的思维模式会驱使我们承担更多的风险，让我们更有勇气，表现出更大的韧性，也能更加积极乐观地面对一切困难和险阻；勇于行动的思维模式可以使我们成为有勇气的人，能够镇静自若地应对我们所面临的一切风险；坚韧不屈的思维模式能够使我们从每一次的挫折中汲取经验和教训，从中获得发展的力量，让自己变得更加强大；积极乐观的思维模式能够让我们创造能量，专注未来，把别人看作问题的事情转变为自己的机会，成为其他人愿意追随的领导。此外，积极乐观的思维模式也能使我们更加长寿；承担责任的思维模式能够让我们不做受害者，突破工作中条条框框的限制，以极强的自信掌控自我命运，对常人难以控制的因素主动承担责任；善于合作的思维模式能够使我们主动放弃个人英雄主义，通过合作赢得追随者的信任与尊重；不断成长的思维模式则能够使我们不固守过去的成功模式，并不是一年的经验用十年，而是总在不断地学习和成长。作者对这七种成长型思维模式进行了深入的剖析，丝丝入扣，能够使你清晰地了解和把握每一种思维模式的内在含义、适用情境、培养方法和注意事项。虽然这七种成长型思维模式之间存在着一定的逻辑关系，但它们又各自独成体系。因此，你不必拘于它们之间的这种逻辑关系，也不必从头到尾来阅读本书，你完全可以根据自己的需要，觉得自己在哪种成长型思维模式上存在着问题或者对哪种思维模式感兴趣，就直接翻到相关章节进行阅读和学习。

本书与其他同类图书最大的不同在于，它并非是在进行思维或者领导力理论的论证，也并非是在追求思维或者领导力理论的完美，而是侧重于成长型思维模式的培养和实践。更重要的是，书中所引用的证明这七种成长型思维模式有效性的相关论据并非来自世界上伟大的领袖或者知名领导的成功案例，而是来自于职场上的草根——民间领袖们的成功案例，这就使得本书的说服力、适用性和可学习性具有了广泛的意义。本书最有价值的研究成果，就是用大量的事实证明了一个人的思维模式不仅是可以改变的，而且还是可以通过学习来构建的。书中言简意赅的阐述和简单易学的方法，必将使你大受裨益。

阅读本书，如同你有机会亲自聆听世界上众多管理大师们的教诲一样。乔·欧文花费了 14 年的时间对世界各地的领导者进行了采访和研究，书中大多直接引用了采访时他们所说的原话，这能让你读起来如同亲临其境一般。相信阅读本书后，这些领导者的心得体会、经验教训一定会不时地在你的耳边回响。

阅读本书，即使你不追求事业上的成功，也会对你的生活乃至你整个的人生产生重大影响。无论你现在和未来从事什么职业，无论你现在的身份是学生、是职场中的普通人士，还是某个组织中的管理者或领导者，也无论你现在从事的是事务性工作还是人员管理工作，这七种成长型思维模式对你都极其重要，它决定了你今后再面对挫折和失败时的复原力、面对挑战时的承受力，以及面对未来工作与生活时的自信力。我相信，在阅读本书后，你的思想和生活一定会发生一个彻底的改变。

阅读本书，更像是你在自己的内心进行着一场心灵之旅、探索之旅、发现之旅。通过心灵的感悟与挣扎，你必将大彻大悟。衷心希望每个读者都能悟得、习得，并保持住这些优秀的思维模式，让心灵变得更加清澈，更加坦然，更加自由，让自己变得更加向上，更富有正能量，更加长寿。一句话，成长型思维必将助你成就非凡！

2018 年 3 月底于北京

目　录

第一种思维模式

谈到思维模式，首先要谈的就是抱负，因为一个人的抱负决定了他的潜力。远大的志向会驱使我们愿意承担更多的风险，让我们更有勇气，表现出更多的韧性，也能更积极乐观地面对一切。拥有远大的志向首先就是要设想一个完美的未来，并为之奋斗。志向不受现实所束缚，只需养成一些简单的习惯，我们就将会梦想成真。

第二种思维模式

追逐梦想需要勇气。没有勇气，梦想便仅仅是梦想。幸运的是，勇气并非先天遗传特性，我们都可以成为有勇气的人，镇定自若地应对风险。

成长型思维：
从平凡到优秀的七种思维模式

第三种思维模式
坚韧不屈 // 83

勇于行动之后就需要坚韧不屈，因为承担风险势必意味着要另外承受一些由风险导致的挫折。最优秀的领导者会从每一次的挫折中汲取经验，让自己变得更加强大。坚韧不屈意味着要学会如何应对逆境并从中获得力量。

第四种思维模式
积极乐观 // 115

积极乐观的思维模式的核心是要创造能量、专注未来，把别人看作问题的事情转变为自己的机会，使自己成为其他人愿意追随的领导。积极乐观的思维模式与厌恶风险的思维模式恰好相反，它能让你活得更长久。通过一些简单的方法养成简单的习惯，人人都可以拥有积极乐观的思维模式。

最优秀的领导者绝不会认命做受害者。不管是好是坏，他们都会以极强的自信掌控自己的命运，而不会受工作中条框框的限制。对于"个人感受"这个很多人难以控制的因素，他们反而会主动地承担责任。要实现这种程度的控制，我们需要改变自我暗示的方法和看待自己的态度。

个人英雄主义的领导时代已经结束。一个人要想成功，必然离不开他人的帮助。善于合作思维模式的关键在于要赢得追随者的信任与尊重，而不是把成为明星作为自己的目标。

今天有效的做法，明天未必有效，因为事物是发展变化的。取得了成功的领导者很容易成为自身成功的"囚徒"，因为他们往往会固执地坚守自己成功的模式，直到被变化了的世界边缘化。最优秀的领导者往往

成长型思维：
从平凡到优秀的七种思维模式

总是在不断学习、不断成长、不断适应新的变化，他们拥有继续前进的勇气。对于任何希望不断学习和成长的人来说，"成长周期"是一个简单易行的好方法。

警惕误区

成功并不意味着永远受欢迎。你要清醒地认识到，每一种思维模式都有其阴暗面。你必须既要做出艰难的选择，也要坚持自己的原则和立场。了解思维模式阴暗面的存在能够让你有意识地回避它们，同时也能够帮助你理解为什么思维模式的光明面具有如此强大的力量。一句话，认识思维模式的阴暗面，能够帮助你避免陷入阴暗面而无法自拔。

后记

引　言

民间领袖与成功者的七种思维模式

这是一本关于如何挖掘你真正潜力的书。

环顾一下你的日常工作或者参与活动的场景，你会发现总有一些人能从众人中脱颖而出。他们是团队真正的核心，他们促成了一切。他们能够吸引追随者，带来正能量，并且总能把危机转变为机会。他们没有正式的头衔，也不是名义上的领导，但他们是天生的领袖。也许他们不能与历史上伟大的领袖相比，但他们的领导能力毋庸置疑。正是他们使我们的工作和生活变得与众不同，他们是真正的民间领袖。

这本书的目的就是去探寻这样的民间领袖，寻找他们的特别之处。通过 14 年对世界各地领导者的研究，我发现，成功的领导者需要的不仅仅是常规的技能。当然，一个有技能的领导者通常比没有技能的领导者成功的概率要大。但是优秀的领导者拥有的不仅仅是技能，他们身上往往具有某种使他们不同

成长型思维：

从平凡到优秀的七种思维模式

于普通人的 X 因素：在社会的任何一个阶层中你都能发现这样的人，这样的人就是我们要寻找的民间领袖。这些民间领袖不仅仅是完善某些事情，他们往往还会进行变革与颠覆。他们比任何人想象的要走得更快更远。那么，他们是如何做到这些的呢？

我们很快就会发现，拥有领异标新的想法是他们与众不同的关键。这种与众不同的思维模式正是他们成功的内在关键：你一旦拥有了它，就拥有了优势，因为它能够时时刻刻为你所用，并可以受用一生。这样的思维模式就是每个民间领袖都具备的那个 X 因素——也是人们能够习得的。

思维模式之所以就是这一具备优势的 X 因素，有以下四点原因。

1. 本书调研中所涉及的所有民间领袖，无一例外都具有这些成功的思维模式。他们的成功模式都非常清晰，既不神秘，也不是魔法。

2. 思维模式任何人都可以学习。一些简单的日常工作就可以帮助你建立一些习惯和思维方式，从而帮助你做得更多，成就更多。就像学习一门乐器或一项运动一样，你需要一定的时间积累才能达到一定水平。但在练习过程中，与大多数的同龄人相比，往往一个小小的技巧就能使你脱颖而出。

3. 思维模式能让你把自己现有的天赋发挥到极致。在一个人人都有技能的世界里，你要想从同样努力工作、同样拥有丰富技能的同事中脱颖而出，仅凭努力工作和提升技能无法做到。因为工作量和技能很容易被复制，但思维模式却不容易被察觉和复制。

4. 思维模式在任何层面都可以起作用。有了正确的思维模式，你即使没有正式的领导头衔，也可以掌控自己的命运。因为思维模式日趋多元化，领导无法控制每个员工的思想，但却不得不借助他们的力量才能完成工作。因此，领导者需要一种新的思维模式和行为方式。

改变思维模式就如同用机器连接我们的大脑，以改变我们的性格或者重构大脑，这听起来似乎是一种很危险的做法。幸运的是，现实并没有这么夸张。培养思维模式不是要改变你的本质，而是会让你成为最好的自己。正确的思维模式可以让你专注于你的天赋。状态好的时候，每个人都会积极乐观、勇于行动、坚韧不屈、善于合作。这就是 X 因素的本质，其实你已经具备了这些品质。不同的是，民间领袖每天都能这样，并且他们能够把这些品质发挥到极致。利用一些简单的工具和技巧，你就可以获得属于自己的 X 因素。

这本书是一场探索之旅。它不会强迫你使用某种僵化的模式，而是带你亲自发掘那些对你有效的方法。思维模式的重点不是理论，而是实践。本书的每一章都会分析思维模式的一个不同方面，并提供参与本书调研的民间领袖的真实案例。另外，每一章还会为你提供简单而有效的实践方法，教你如何构建自己的思维模式。

正如开启任何一场发现之旅一样，做好准备有益无害。在

成长型思维：
从平凡到优秀的七种思维模式

你出发之前，这一章会为你的旅程奠定基础。我们将简要讨论成长型思维为什么如此重要，思维模式与技能和教育有哪些不同。下面的七个步骤就是为我们的旅程而准备的：

1. 思维革命；
2. 领导的本质；
3. 思维模式与技能；
4. 思维模式与教育；
5. 本书所调研的对象；
6. 本书为何与众不同；
7. 七种思维模式总结。

思维革命

思维模式是管理革命的核心。从蒸汽机和铁路主导的工业革命开始，科技革命已经伴随我们 200 多年了，我们也必将永远面对科技革命。

英雄领袖指挥军队的旧模式已经结束，如今真正的革命是管理者如何进行管理。由于当今的世界太过复杂，一个人无法全面掌控，领导活动自然就成了一种对团队的管理。最好的领导会建立最优秀的团队，他们不再依赖指挥和控制，而是凭借自己的影响力和说服力，以促使那些他们无法控制甚至不喜欢的人完成工作。今天，工作变得更加专业化，集中度更高，企业也不再像中世纪有围墙的城市那样闭塞。组织的围墙已经坍塌，我们的成功更加依赖于我们的供应商、客户和合作伙伴，即使我们不喜欢他们，我们也必须与他们合作。领导者如果想要扩大个人的影响力，开展广泛的合作，就必须掌握相应的管理技巧。这种管理技巧不仅仅是一套新的技能，更是一种新的思维模式。要想在未来取得成功，所有的领导者和组织都必须做出这种质的改变。新世界的管理需要新的思维模式。

本书并不意味着要进行一场革命，而是要促使人们的领导行为悄然发生内在改变，即阐述思维模式是如何让人与众不同、出类拔萃的。通过磨炼技能和努力工作，你的确可以获得一个良好的和有价值的岗位。但是，除非你拥有民间英雄所具备的 X 因素（也就是正确的思维模式），否则你将无法在这一岗位上发挥出你的全部潜能。本书将为你展示思维模式的七种形态，告诉你如何才能构建属于自己的成长型思维。

领导的本质

所谓领导，就是带领别人去做一些仅靠自己无法完成的事情。如今，领导则意味着带领一些不受你控制的人去做事情。在过去，领导与权威、权力和地位有关。而现在，它和头衔无关，重要的是你在做什么。有很多担任着如 CEO 这类重要头衔的人，他们在组织中实际上不过是在履行服务员的职责。但这并不令人感到可耻。真正的领导者可能在组织中的级别并不高，但他们却会不断地迎接挑战，带领他人取得靠他们个人无法取得的成就。有了正确的思维模式,你不必等到自己被晋升为领导者的那一刻,现在就可以开始做领导工作。如果不去做领导工作,你便无法掌控自己的命运。

伟大的领袖具有改变时代的能力。一些人可能会改变历史,另一些人可能会改变服务团队与客户合作的方式。具有划时代能力的领袖不会止步于改善当前的形势,他们会改变整个的局势。这些具有变革精神的领导者可能是历史上的某位英雄,也可能是你认识的、每天与你一起工作的普通人。

本书关注的是民间领袖。如果你崇拜成吉思汗,你可以找到很多有关成吉思汗如何成功的书。但如果你想从普通人中脱颖而出,成为一个民间领袖,那么本书就是你的最佳选择,因为我们特意聚焦于取得卓越成就的普通人。

研究表明,领导能力并不专属于职场人士。我们研究了教育界和企业界,分析了特工和运动员,关注了公共部门和私人部门,也涉猎了政治、经济和其他众多的领域。我们发现,真正具有划时代能力的领导者并不想成为杂志上的封面人物,他们和你我一样,梦想取得更多、更大的成就。

思维模式与技能

14 年的研究成果表明,思维模式已经成为优异表现研究领域的最前沿课题。一个人从平凡到伟大,就是从技能到思维的转变。在人人都拥有技能的世界里,由于劳动力可以廉价外包，我们想要在众人中脱颖而出的难度就更大了。优秀者和平庸者的区别，就在于两者的思维模式不同：正确的思维模式可以塑造正确的习惯，从而会带来正确的业绩表现。有些粗心的管理者只关心技能，这实际上是个误区。

（1）技能的种类很多，并且正在变成商品。即使是曾经在劳动力市场非常抢手的工商管理硕士学位（MBA）也在日益贬值。美国每年会新增 125 000 多名 MBA 毕业生，数量在 10 年内增长了 74%。另外，全球每年有 100 多万人获得 MBA 学位。

（2）技能不等于业绩表现。正如某位 CEO 所说的："**我雇用大多数人看中的是他们的技能，而炒掉一些人的大多数原因在于他们的思维模式。**"正确的技能通常人人都有，但拥有正确思维模式的人却少之又少。

（3）得到晋升后，你需要的技能也会不同，会要求更高。这对管理者来说是令人尴尬的：上一份工作中使你得到晋升的成功经验，很可能并不适用于新的工作岗位。你必须要学习新的规则和新的技能。所有优秀的领导者一直都在不断学习，即便他们已经处于行业的顶端了，他们也不会停止学习新的技能。

（4）今天的技能很可能在明天就是多余的。据牛津大学估计，在未来 20 年，美国 47% 的岗位会因科技的发展而面临消失的风险（连骑师都已经在骑骆驼比赛中被机器人取代了），韩国创造了会高喊、会挥手的运动爱好者机器人。新技术显然可以创造新的机遇和新的就业机会，但我们必须要保持灵活性，在职业生涯发展中不断调整。我们不能一辈子只靠一个技能工作和生活。

思维的乐趣在于它是无形的、内在的。你可能与其他人有着相同的技能，而你一旦有了正确的思维模式，便可以用这些技能做更多的事情，而且还可以继续学习新的技能。你的表现越来越好，每个人都看在眼里，但人们不会知道你的业绩表现提升的原因。你可能已经在组织中看到了类似的情况，许多同事虽然拥有相似水平的技能，但是一些人的业绩表现却显著地超越其他人（他们表现得不同，表现得更好）。然而，如果你试图模仿他们，去复制他们，就好比是用卸妆膏来处理孩子身上的麻疹一样，毫无意义。你需要探索他们出类拔萃的根本原因，一定要弄明白为什么他们的做法与众不同：你一定要探索他们的思维模式。这一点是非常难做到的。如果直白地询问其思维模式，你一般会看到他们一脸不可思议的表情。本书的目的就在于此，它将为我们展示正确思维模式所具备的无形优势。

思维模式与教育

本书的研究表明，在寻找优秀领导者的 X 因素时，考察他们的学业成绩很有必要。在我们开展此项研究所确立的领导者小组中，有几位领导者的学业成绩可以说是一塌糊涂，例如，诵读困难；因家庭背景不好，或者仅仅因为缺乏兴趣而导致成绩糟糕。然而学业的失败并不是成功的绊脚石，很多世界知名的亿万富翁都不曾获得学位。

谁需要接受教育呢

如果你想成功，教育可以帮助你。旧金山联邦储备银行研究发现：在退休以前，大学毕业生一生平均要比高中毕业生一生多挣 80 万美元。但是世界顶级的亿万富翁并不遵循这一规律。下面就是世界排名靠前的十位独自创业的亿万富翁的受教育情况。

（1）比尔·盖茨：从哈佛大学退学。

（2）卡洛斯·斯利姆：毕业于墨西哥国立自治大学。

（3）沃伦·巴菲特：毕业于内布拉斯加大学和哥伦比亚大学商学院。

（4）阿曼西奥·奥特加：大学未毕业。

（5）拉里·埃里森：从伊利诺伊大学退学。

（6）谢尔登·埃德森：从纽约城市学院退学。

（7）伯纳德·阿尔诺：毕业于巴黎综合理工学校。

（8）李嘉诚：15 岁离开学校。

（9）迈克尔·布隆伯格：毕业于约翰·霍普金斯大学和哈佛商学院。

（10）斯特凡·佩尔松：毕业于斯德哥尔摩大学。

上面列举的十个人中有五个人没有从大学毕业，只有两个人选择了传统的 MBA 路线。毋庸置疑，他们都很聪明，而且他们还拥有比接受传统教育更重要的东西来推动他们获得无尽的财富。

他们的成功靠的不仅仅是技能、智慧或者好的父母。技能和智慧对他们的成功的确能起到良好的作用，但这些并不是唯一的成功因素。他们拥有更多的东西：他们独特的思维模式才是他们卓荦超伦的关键。

最聪明的人不一定会成为一个伟大的管理者，正如爱因斯坦受人尊敬是因为他天才的大脑，而不是因为他的领导才能一样。如果你有幸观察过大学的管理机构，你会发现大学里那些聪明的人大多对管理或者领导工作是一窍不通的。可见，想成为出色的领导，你不必是个天才。

本书所调研的对象

写作这本书的理念要追溯到 14 年前，那是我第一次为 Teach First 项目①研究领导学。自那时以来，我已经采访了数百人，并且调查了不同行业和地域的上千名领导者。刚开始时，我把大部分研究集中在领导者的技能上，但我慢慢发现，出色

---

① 我是 Teach First 的联合创始人，这个机构旨在让最优秀的毕业生去最艰苦的学校教书。如今，这个机构已成为英国最大的毕业生招聘平台。

的领导者和普通的领导者之间有着巨大差距。想成为最优秀的领导者，你需要的不仅仅是技巧。在相同的管理情形下，最好的领导者不仅仅是在行为方式上与普通的领导者不同，他们还会寻找机会来挑战自己，**让自己成长得更快**。

在选择本书要调研的领导者时，我们特意把关注点放在了大公司的 CEO 之外的领导者身上。大公司的 CEO 在职业发展方面都是可依赖的楷模，但他们的领导能力并不一定是最优秀的。我们所关注的 33 位领导者情况如下：

- 8 个男性和 25 个女性；
- 14 个来自商业部门（包括 5 个创始人兼 CEO）；
- 7 个来自非营利组织；
- 12 个来自其他领域：警察、政府人员、教育者、特工和运动员。

我们刻意挑选出了这些背景多样的人。如果 X 因素存在，它自然会在不同群体中都有所体现。

当我第一次采访本书调研中选出的领导者时，我担心他们会对我的研究持怀疑态度。事实证明，我的担心是多余的，他们都毫不迟疑地接受了我的采访，因为他们知道，思维模式才是他们真正的与众不同之处。

但是如何才能发掘出人们的思维模式呢？把人和机器直接连接起来？这是个非常有趣的想法。但是，绘制大脑电波、观察在实验室条件下大脑接受可控刺激时的反应，存在着很多的局限性，况且把领导者直接连在机器上也不具有可行性。然而，在适当的情况下，本书会引用神经科学，以佐证我们从采访和观察中获得数据的可靠性。

了解人们思维模式的最简单的方法便是采访。本书涉及的所有领导者都接受过结构式采访。这些采访当然具有揭示真相的意义，但不可避免地存在一些宣传的成分，因为在采访中，我们都喜欢把自己最好的一面呈现给观众。

为了验证采访内容，我观察了这些领导者工作时的情形。观看他们工作总是比自己工作显得更有趣一些。很多采访者我已认识多年，自然能分辨出他们是否说了真话。对于其他我不熟悉的人，我可以 360 度无死角地观察他们。有些时候，我还会参考来自他们的同事、外部观察者甚至媒体对他们的意见。

这项研究基于以下三个假设：

（1）思维模式会把出色的领导者和普通的领导者明显地区别开；

（2）思维模式总是存在差异性，而这些差异是可以被观察和记录的；

（3）某种程度上，成功的思维模式是可以被任何人学习的。

如果从科学的角度出发，我们应当反驳这些假设，而不是去论证。然而本次研究却不能反驳这些假设，所以至少在这个阶段，可以假定这些假设是成立的。

本书为何与众不同

英国每年都有 11 000 多本商务图书出版，仅仅在领导力一项的分类下，亚马逊就能列出 22 000 多本书籍。所以，作为读者，你有很多的选择。在浩如烟海的商务图书中，本书力图在三个方面为你提供一些原创内容。

（1）原创主题非常重要。很多关于领导力的书籍大都把重点放在了高效领导者的技能、行为或者习惯上。这些书当然非常有用，但显然不够全面。两个能力相当的人完全有可能取得不对等的成就。观察领导者的行为和习惯，就如同只观察到了成功的表象，我们可以看到对成功起作用的领导者的行为和爱好，但是我们却不知道他们这么做背后的原因。本书将致力于透过成功的表象，探寻成功的根本原因，而这些成功的根本原因恰恰就隐藏在我们的思维模式之中。

（2）原创研究。本书的写作过程就像一场发现之旅，惊喜不断。一开始，我们并不能明确思维模式的真正含义。由民间领袖组成的领导小组不仅对思维模式进行了定义，他们还提供了令人信服、独特的故事来阐明他们的观点。

（3）原创领导者的类型。很多关于领导力的图书大都着眼于大公司的 CEO，或者历史上的英雄人物，但他们都是有缺陷的榜样，因为绝大多数人不太可能成为像纳尔逊·曼德拉（Nelson Mandela）或者纳尔逊（Nelson）勋爵（他们是合适的道德楷模）一样的领袖。大公司的 CEO 也是有缺陷的，很多今天成功的公司明天说不定会失败。集中关注这些人说不定你会得出自己必须是中年白人才能成功的结论。本书通过一个不同的视角，着眼于商界、政界、体坛或者公益机构内的民间英雄。这些人的经历能让你感同身受，你可以真正地学习他们。

当然，本书内容不可能做到 100% 的原创，我们也不能傲慢地忽略掉过去几十年其他人研究得出的宝贵经验。因此，本书适时地借鉴了来自商业、心理学及其他领域广泛的研究成果。因此，本书所提供的资源，还可以帮助你进一步探索其他你感兴趣的领域。

七种思维模式总结

在排除了研究中的各种干扰因素后我们发现，无论是伟大的领袖还是民间英雄，他们在以下七种思维模式上的表现都格外突出。那就是：

（1）志存高远；

（2）勇于行动；

（3）坚韧不屈；

（4）积极乐观；

（5）承担责任；

（6）善于合作；

（7）不断成长。

看到这个清单时，你的反应可能是："这些思维模式我都有啊，可为什么我还不是英雄呢？"原因有两点。

首先，"膨胀"是一个现实问题，特别是语言膨胀。如今我们生活在一个这样的时代：一旦某人有一首歌进入排行榜前 20 位，就会立刻被称作全球巨星。炒作不是流行音乐的专属，企业现在也非常喜爱炒作自己。如过去的人事部门现在已经被"炒作"成了战略人力资本部门。即使如公共事业和政府部门中非常稳定的业务部门，其语言和名称也在发生着转变。例如，再造价值链、引入全球客户关系管理系统、在追求战略目标的过程中成为下一代最优秀的实践操作者、提供有意义的核心竞争力等。随着官样文章的流行和炒作的分量增大，诸如"远大志向"或"不屈不挠"这些强有力的词语在逐渐失去力量。只有当你听到民间领袖亲口讲出他们做了什么时，你才会意识到这些词语的力量。这就好比在一架钢琴上弹对所有音符与在卡内基音乐厅演奏拉赫玛尼诺夫钢琴协奏曲的差别：两者都是在弹奏钢琴，但水平高低立判，显然后者更具感染力。

其次，就是我们的大脑在作怪。我们总是认为自己比实际更好[1]。大多数人有一种虚幻的优越感，例如：

（1）88% 的美国司机认为自己的驾驶技术排得进全国前 50%；

（2）85% 参加 SAT（高中学业能力考试）的学生认为自己的成

---

[1] 过度自信有时也是非常有用的。如果不考虑实际表现的话，相比没有自信的人，过度自信的人会得到人们更高的评价。所以说，表现出自信的样子对一个人来说很重要，但我们不要真的相信自我催眠那一套说辞。

绩高于平均水平；而这其中又有 25% 的学生认为自己属于
最顶尖的 1%；

（3）斯坦福大学 87% 的 MBA 学生认为自己的学习能力高于中
等水平。

我们都想把自己变得更好，这很正常，我们也不会容忍任
何试图给我们泼冷水的人。在大多数企业中，有 80% 甚至更多
员工的表现被评价为高于平均水平，这在统计学上来看是不可
能的，但在情感上又是不可避免的。一家投资银行对交易员从
1~10 进行评分，考虑到这些高效率员工脆弱的自尊心，我们不
难发现，分数普遍接近于 10，而低于 9.8 分就是灾难，低于 9.7
分则意味着某人可能被解雇。

所以，当我们被问到是否认为自己志存高远、坚韧不屈、
勇于行动、积极乐观、善于合作、能够不断成长和承担责任
时，我们会很自然地认为自己在这些方面都做得很好。

在接下来的章节里，你将会对上述词语有更深刻的理解。
人的最大的挑战在于如何突破自我。如果你能够真正达到这些
词语的标准，你就会在同事中脱颖而出；你的成就将会远远地
超过他们，甚至远远地超出你的想象。你将获得把梦想变成现
实的机会。

你也可以自由地决定是否要成为一个民间领袖。追逐梦想
听起来是一种美好的生活方式，但是当你看到艺术、体育或商
界的精英们在追逐他们的个人梦想时所投入的精力、专注程度

和付出的牺牲时，你就会明白让梦想成真实际上非常困难。在追求成功的路上，你需要夜以继日的工作和经历一次次的失败，这才是追求成功过程中的常态。

你也会发现追求成功的一些隐性成本。我采访的大部分民间领袖都有着十足的动力。他们都有要证明给别人的东西，即便别人很难看出他们想证明什么或者他们想证明给谁看。在强大动力的背后，他们都有着无比坚定的信念。他们中的大多数人都痛恨被人看作是冷酷无情的人，也讨厌成为冷酷无情的人，但这并不妨碍他们在现实中会表现出冷酷的一面，必要时他们能狠得下心来。

幸运的是，你不用为了出类拔萃而运用全部的七种思维模式。你也不必像那些伟大的领导者一样把这些思维模式运用到极致。你可以选择任意一两种思维模式加以运用和实践，循序渐进。这些思维模式一旦形成，就会成为你的独特优势，帮助你做得更多，取得更大的成就。

思维模式最大的优点，就是可以通过学习获得。和学习一项运动一样，我们可能永远也进入不了国家队，但是通过训练，我们的水平会不断提高。我们做得越好，就越能享受其中的乐趣。本书中所有领导者都谈到了如何获得让他们成功的思维习惯。这是一个漫长的、有时会异常痛苦的过程，但所有的思维模式都是可以通过学习建立起来的。开始时我曾怀疑"无所畏惧的勇气"无法学习，但一位又一位领导者证明我的想法错了：勇气也是可以从外部获得的。就像《绿野仙踪》里"胆小的"狮子，我们可

成长型思维：
从平凡到优秀的七种思维模式

能比意想中的自己更勇敢[①]。

有些东西学起来可能比较困难，魅力与智慧就很难学习，现代医学技术尚未发达到能直接创造出这些个人特质的程度；人的身高在很大程度上取决于遗传，并且一定程度上能够对这些特质的获得起到促进作用，例如 CEO 中的高个子多得明显不成比例[②]。但这些特质均无法与思维模式相提并论，后者是可以通过学习获得的。本书的每一章都会展示一种构建思维模式的方法。

你可以不按照次序阅读本书。每一种思维模式都独立成章，可以专门阅读。例如，如果你只是单纯地想了解和学习"承担责任"这种思维模式，你可以直接翻到这一章去阅读。其实，本书对思维模式的顺序安排是有内在逻辑的。志存高远排在第一章，因为梦想是现实的归宿，一个人有了梦想就有了奋斗的目标，除非你想要靠运气。需要指出的是，拥有希望并非是实现成功的方法，而靠运气也不是一种实现成功的策略。

实现远大理想需要大量的勇气，要勇于承担变革和颠覆的风险。风险意味着有失败和倒退的可能性，意味着你需要有强大的韧性面对风险，坚持到底。反过来，也意味着你需要始终

---

① 喝下魔法师给的神药（书里的情节）或者得到一块奖牌（电影里的情节）后，"胆小的"狮子才意识到自己其实很勇敢。

② 美国"财富 500 强"的 CEO 中超过 90% 的人身高高于平均水平，具体可见《经济学人》1995 年 12 月 23 日的文章。同一篇文章还提到，个子高的人薪水更高，也更受异性、家长和投票者的偏爱。

保持积极乐观的心态，只有这样，你才能把每一次的挫折都转变成学习和改善的机会。失败会让你变得更加强大。

　　所有优秀的领导者都有着强烈的责任感，他们会认为自己是事件的掌控者而非受害者。所有的民间领袖都拥有极强的合作精神，他们不做孤胆英雄，因为他们知道一个人无法取得成功。一般人只能做到用 24 小时完成 25 小时的工作量，而最优秀的领导者每天都能完成数千小时的工作量。当事情出错时，他们不会责怪别人或归罪于外部环境。相反，他们会从事件中汲取教训，通过适应与调整让自己变得越来越强大：**这就是不断成长的思维模式。**

要点梳理

　　最优秀的领导者和一般优秀的领导者存在明显差距。技能可以帮助你成为"还不错的领导者"，但要想成为伟大的领导者，你需要具备更多素质。思维模式便是可以让你实现飞跃的 X 因素。本书的研究表明，无论来自哪个领域，最优秀的领导者均具备成长型思维。这也表明，任何人都可以通过一些简单的方法构建这种成功的思维模式。

　　成功的关键就掌握在你自己的手里，本书将帮助你发掘自己真正的潜力。

01

第一种思维模式
志存高远

　　谈到思维模式，首先要谈的就是抱负，因为一个人的抱负决定了他的潜力。远大的志向会驱使我们愿意承担更多的风险，让我们更有勇气，表现出更多的韧性，也能更积极乐观地面对一切。拥有远大的志向首先就是要设想一个完美的未来，并为之奋斗。志向不受现实所束缚，只需养成一些简单的习惯，我们就将会梦想成真。

成长型思维：
从平凡到优秀的七种思维模式

想象一下，假如你有一根魔杖，你可以用它随心所欲地创造未来。在你想象出的完美组织中创造一个最理想的工作，你正在与了不起的同事一起做着了不起的事情。现在，把这些和现实比较一下，你会发现理想与现实之间横亘着一条鸿沟，这条鸿沟就是志向。我们每个人都有着理想的鸿沟，只是每个人的鸿沟大小各有不同。

对很多人来说，这些志向不过是不切实际的梦想。"我想成为宇航员、首相、摇滚明星、亿万富翁或火车司机，想在世界杯决赛中踢进绝杀球……"我在一天之内就能产生这么多梦想。可是到目前为止，我连自己最平凡的梦想都没有实现。

最优秀的领导者不仅仅有梦想，他们会采取行动。他们为自己和他人想象出了一个更美好的未来，然后付诸实践。他们都有着独特的思考和行动方式，可以把不可能变成可能。本书关注的就是最优秀的领导者如何一次又一次地释放自己的魔力。他们成功的秘诀，就是他们拥有与众不同的思维模式。如果我们学会从不同的角度思考，我们也能采取不一样的行动，进而取得更多的成就。

一切的开端就是梦想，我们必须敢于梦想，也要勇于为之奋斗。我们总是能为自己没实现梦想而找出很多借口，总是担心自己缺少技能，害怕时间和资源不足……我们将看到，其实这些都不是真正的问题。如果梦想真的重要，我们就一定会想方设法地找到时间和资源，并获得技能。

通往成功的真正障碍不是什么超自然的邪恶力量，而是我们的恐惧心理。我们总是在心里和自己对话、博弈，这往往变成了希望的天使与恐惧的恶魔之间的抗衡。天使告诉我们要拥有梦想，他们把我们带到幸福的地方，在那里我们可以发挥出自己真正的潜力，生活在我们所设想的理想未来之中。而恐惧的恶魔既会帮助我们，也会阻碍我们，它们既会阻止我们做疯狂的事情，也会阻止我们做伟大的事情。从积极的方面说，它们让我们谨慎行事；从消极的方面说，它们会阻止我们实现梦想、挖掘自身潜力。本书将会告诉你应该如何利用我们心中的天使和恶魔。

敢于梦想

1963 年 8 月 28 日，马丁·路德·金站在林肯纪念堂的台阶上，面对 25 万人发表了著名的演讲，激励了无数的民权运动参与者。他的"我有一个梦想"的演讲中引用了美国《独立宣言》中的话："我们认为这些真理是不言而喻的：每个人生而平等。"结合时代背景，马丁·路德·金 1963 年的演讲与 1776 年美国大陆会议第一次使用这样的文字，具有同样的革命性意义。

事实上，马丁·路德·金险些没有完成这次演讲。他按照提前准备好的演讲稿演讲时说得并不顺利，遭到了马哈里亚·约翰逊的质问："马丁，告诉他们你的梦想！"在这之后，他才提到自己布道时最喜欢用的主题：梦想。演讲可能存在风险，但拥有梦想永远不会有风险，因为那是他毕生的信念。

只有敢于梦想、勇于行动，愿意说服他人一起行动，你才能改变世界。

大多数人的梦想不过是幻想，一旦接触现实就会破灭。而真正的梦想并非是幻想，我们可以举一个例子。

想象你正在听收音机，里面正播放着你最喜欢的音乐。这时电台突然中断了音乐，要播出一期某个人的专访栏目。因为来不及切换频道，所以你听完了整期专访：这个人在海外参加公益活动，召集优秀的毕业生去艰苦的贫民区学校教书。你对所听到的这个专访很感兴趣，认为在自己的国家里也应该有这种好事。那么接下来你会怎么做？

绝大多数人会选择继续听音乐，忘记采访内容；而有人却不会忘，他们察觉到应该有人为此做点什么。为什么这个人不是你呢？这时恶魔便开始起作用了，它会指出你没有做这件事的相关技能，而且你已经从学校毕业 20 年了，即使有相关技能，也生疏了；你也没有资源和时间去做这件事；现实中也确实存在巨大的困难：如果要做你应该从哪儿开始做起？如果开始做了，别人会怎么说？尽管当着你的面不说，但他们可能会认为你失去了理智，而这可能会让你在社交上感到无比尴尬，使你的职业生涯面临灾难性的后果……于是，你悄悄地把梦想收了起来，一同被遗忘的还有你想成为宇航员和摇滚明星的梦想。

当然，这并不是事情发展的必然方向。我给电台打去电话，了解到了那个项目的名称——"为美国教书"（TFA）。我又打电话给 TFA，要求和他们的 CEO 通话。对方告诉我她很忙，因为麦肯锡咨询公司的一些顾问正在向她了解有关伦敦教育的问题。于是我给麦肯锡打去电话，把我的想法告诉了他们：在英国建立一个与 TFA 类似的项目。随后我们开始认真地谈论这个话题。

这时恶魔真的出现了，它不再是我们的臆想。各种各样的专家和有影响力的人都会冒出来，给我们"有益"的建议。我们是否意识到也许没有一个优秀毕业生愿意在我们想要服务的学校教书？如果有人愿意，他们到底为什么会认同我们这个一时头脑发热想出的方案？我们应该怎样对他们进行培训？我们没有钱，那么我们的资金从哪儿来？在工作环境如此具有挑战性的前提下，学校为什么愿意接受新手？假如和注定讨厌这个项目的工会协商会打交道，将得到什么结果？所有专家都会在我们的头脑中种下怀疑的种子，激励恶魔来阻止我们行动。他们不会说我们做不到，而会说他们做不到。他们说得没错，是他们缺乏创造未来的想象力或者志向。他们连梦想都不敢，就更不要说行动了。

十年后，Teach First 成了英国最大的毕业生招聘平台。我们的项目启动前，没有牛津或者剑桥的毕业生愿意去我们所服务的学校教书。而现在，几乎每 10 个牛津或者剑桥的大四学生里就有 1 个申请参加我们的项目。

机会始终存在，我们不需要辛苦地寻找它们。我们眼前总会出现机会，甚至收听电台摇滚音乐时都蕴藏着机会。但我们通常会忽略这样的机会，或者认为应该行动的是其他人。如果每个人都认为会有其他人来做这件事，实际上就不会有人行动。成功的大门已经敞开，只待我们去迎接挑战。

志存高远不仅仅要拥有梦想，还要有为了实现梦想而行动的勇气。这是本书提到的所有最优秀领导者的起点。追逐梦想的结果既有可能成功也有可能失败。低层次的目标容易实现，能让人产生满足的感觉。制定多大的目标，我们就能取得多大的成就。

本书以志存高远为开端，因为志向就像玻璃天花板一样，有时会成为我们心中无形的障碍，决定着我们所能取得成就的上限。想取得更多成就，我们就必须冲破玻璃天花板。高远的志向带动了很多其他思维模式，如不屈不挠的韧性、无所畏惧的勇气、积极乐观的心态、尽职尽责的精神和善于合作的理念。梦想不付诸行动就永远只是梦想，只有我们付诸行动，梦想才具有现实性。这需要我们付出努力，形成一种特别的思维模式，而这种思维模式是任何人都可以通过学习获得的。

我们在本章将涉及以下问题：

1. 什么是高远的志向；
2. 什么妨碍我们拥有高远的志向；
3. 如何构建志存高远的思维模式。

我们必须要知道什么是高远的志向，了解如何形成高远的志向，以及在这个过程中存在着哪些陷阱。贯穿这本书的每个阶段，我们都会引用民间领袖的真实经历，而民间领袖就是和你我一样的人，只是他们能更稳定地取得更多成就。

什么是高远的志向

"高远的志向"在商业中是一个被过度使用的词汇。人们通常用它鼓励别人努力工作，拿出更好的成绩。"高远的志向"

常常以两种主要形式出现：一种形式是内疚感——"你需要提高你的追求"；另一种形式就是在发言中使用抱负、承诺、价值、卓越、激情、顾客至上等构成标准讲话稿的千篇一律的词汇。这意味着高远的志向已经贬值了。

对于优秀的领导者来说，高远的志向是他们思维的核心。如表 1-1 所示，参与本书调研的领导者们对"高远志向"的看法与一般人的区别，主要体现在四个方面。

普通领导者在工作上一般只具备普通的志向（见表 1-1），这些志向合理又安全，人们可以借此平稳地度过自己的职业生涯。

表 1-1　志向的本质

普通的志向	高远的志向
从眼前的现实出发	创造未来
逐步提高，寻求完美	变革与颠覆
专注自我	专注使命
保持理性	抛开理性

出色的领导者则拥有更高的志向，他们努力做到以下四点（见表 1-1）：

（1）创造未来；

（2）变革与颠覆；

（3）专注使命；

（4）抛开理性。

创造未来

也许给一个管理者最坏的建议就是"重要的事情先做"，这会暗示你先做今天的事情，然后逐步推进。最优秀的领导者不会从零开始、逐步向前，他们往往选择从"最后"做起。他们有梦想，已经为未来设计了蓝图。以梦想为前提，他们再明确今天要做的事情。

梦想的力量

玛莎①的生活一成不变，已经做了几年公司 CEO 的她正渐渐失去激情，她觉得自己每天都在例行公事：设置并管理预算、管理员工、（依据业务性质）游说公务员和政府官员。最让她泄气的是没完没了的游说工作——对象和优先事项永远在变，她觉得自己就像在追逐影子。

她在一个周末坐下来认真思考了自己的意愿。她真正想做的是改变年轻人的人生，而她所在的机构恰好能够为她提供这样的可能。她为接下来的五年制定了完整的计划。

周一回到办公室的她焕然一新。做预算不再是例行公事，她的新目标是集中资源实现梦想；与同事合作是在为实现梦想做准备；游说不再是无关痛痒的琐事，而是筹集资金、开

① 真实案例，只改变了名字。

> 创未来的关键。
>
> 　她的角色实际上没有发生任何变化，但她看待问题的角度和行为方式却和过去完全不同了。敢于梦想的她，重新找回了激情，有了可投身的事业和目标。
>
> 　你的梦想是什么呢？

　随着管理者职位的不断提升，他们必须变换不同的角度去思考和行动。事业刚开始时，你为自己设定的目标可能需要一天或者一两个星期的时间去完成。进入中级管理层时，你就要开始考虑每月和季度的报告，着手年度预算工作。进入高级管理层后，你需要提前一年考虑好一切，例如，未来你想带领这个组织走向哪里；为了实现目标，你需要做什么样的投资、采取什么样的行动？

　关注未来并不意味着忽略现实，你仍然要应对日常琐碎而磨人的管理工作：例如，最后期限临近、爆发小危机、设定预算规范、处理人事问题等。上述一切虽然纯粹是琐碎的杂事，但处理不好就会造成混乱，可如果只处理这些琐事，你就无法获得成长。若是想获得成长，你就要将重点放在自己想要传达的信息上，而不是应对每一天的琐事。这种情况用一位 CEO 的话来说就是："走出草地，走上阳台。"即便高级管理者在这方面也会遇到困难，他们有时过度关注琐碎的日常管理工作，未曾考虑过自己想要传达什么样的信息。处理琐事可能会避免灾难，但不会让你前进，不要把行动与成就混为一谈。

变革与颠覆

只关注未来是不够的，未来一定要不同于当下。这就是最优秀的领导者与其他人的区别。好的管理者当然会寻求改进，他们会很好地管理组织。改进是一项艰难的工作，因为任何组织的业绩表现基线都不是水平的，而是会不断下滑。事情不会一直处在同一状态，熟练的员工会离开、竞争会越来越激烈、供应商会提高价格、客户想要的更多或更少……还有这样那样不可预测的偶发事件，这些都可能会让你的完美计划泡汤。然而在这个世界上，多数的管理者都在拼了命地想要维持原状。

最好的领导者会超越今天所想象出的未来，缔造一个更加美好、更加与众不同的未来。正如某个人所说的："我想建造的是圣保罗大教堂，而不是廉价的公寓。"

最好的领导者不是寻求逐步改进：他们会进行变革。他们不会让今天的现实限制自己去追逐梦想。

- 历史上那些伟大的领袖，无论是亚历山大大帝还是甘地，都取得了超乎想象的成就；[1]

- 伟大的企业家不只是单纯地参与竞争，而是克服各种困难，重新

---

[1]   以亚历山大大帝为例，波斯人称他为"野蛮人亚历山大"，因为他毁掉了一个古老的帝国。世界这一边的领袖，可能是世界另一边的恶棍。

定义了竞争；

○ 优秀的班主任决不受环境的限制。

领导能力的不同在学校中表现得非常明显。公立学校会公布学生的考试成绩，这给了班主任巨大的压力，他们必须证明自己的工作成绩。于是，很多班主任做出了相同环境下很多管理者都会做的事情，他们选择了作弊，给学生设定了更简单的标准。为了让自己的教学表现出色，他们把很多时间和精力着重放在了边缘学生身上。他们"为了考试而教书"，这意味着学生为了通过考试需要无休止地参加模拟考试，但这些都不能从根本上提高教育水平。这种做法可能帮不到孩子，但好看的公共考试成绩却能帮助到班主任和学校的工作人员。

戴姆·苏·约翰（Dame Sue John）是伦敦一所学校的校长，她就采取了不一样的做法。她没有走捷径，而是全心全意地为学生提供优质的教育，让学生参加有难度的考试。她没有作弊，这意味着学校在公开考试中的排名很差。但是，随着政府废止了无用的考试体系，学校不得不提供高质量的教育。突然间，所有人都注意到了她的杰出表现，曾经玩弄体系的人最终遭到了曝光。

专注使命

"使命"是领导者的动力，"使命"促使他们愿意承担风险，付出更多时间去工作。以威尔 [1] 为例，他在英国秘密情报局工作（SIS，俗称"军情六处"）。他在非洲中部的一次任务，就是让一个军阀走上谈判桌，停止屠杀行为。

那时的威尔只有二十几岁。他独自开车出发，接着又徒步追踪那个军阀。每走 1000 米，他都意识到自己离朋友或后方支援远了 1000 米。他的脑中有一个声音在对他大喊，他疯了，应该回去。但他还是选择了继续前进。最终，他找到了那个军阀。他到那里时，军阀对他说的第一句话是："喂，小子，你会挤牛奶吗？"（在那个世界，牛代表着财富），威尔给出了否定的回答，于是军阀让他滚回他来的地方。

威尔"滚回去了"。他学会了挤牛奶，身为 SIS 特工的他从没想过自己会掌握这项技能。这一次，他不仅学会了挤牛奶，还喝到了未经高温消毒和杀菌的新鲜牛奶。几天后的一个黎明，军阀踢醒了睡梦中的威尔，他拿着一个对讲机，问威尔："我要把这些男孩送进去吗？"他即将要发动新一轮的大屠杀。

假如你是威尔，半梦半醒的你会如何回应这样一个生命攸关的邀请？最愚蠢的做法就是告诉这个军阀生命诚可贵，这只会刺激他尽快动手。相反，威尔站到了军阀的立场上，认同了他的观点，表示自己也想做同样的事……但威尔巧妙地解释了这样做的后果，例如，这会导致让人讨厌的外国势力的介入，

---

[1] 这里不使用全名。

还有可能会上国际战争法庭……几个小时后，军阀取消了手下人的行动，从而避免了一场血腥的杀戮。

这里有两个原因促使威尔不顾头脑中劝他回去的理性声音而继续前进。第一个原因就是"使命"，无数生命正处于危险中，这是一个值得自己付出一切的使命；第二个原因是恐惧，对付恐惧的方法有很多，其中之一就是还有更让人害怕的事情，我们为了避免更可怕的结果而不得不努力。正如威尔所说的："SAS的文化是，牺牲了比愚蠢地活着回去要好。"[①]同辈群体的压力是强大的。失败是一回事，但是不尝试就放弃执行任务更加恶劣，这无疑破坏了你所信仰并为之奋斗的一切。

使命越重大，需要投入的精力就越大。接任重大使命要比完成小任务的风险更大，当然能取得的成就也更大。如果你的任务是完成本月的销售目标，普通销售人员会付出一定程度的努力，但是他们不太可能有动力"学会挤牛奶"，更不可能为了这项任务拼上自己的性命。

确立一个不平凡的使命，并能说服他人，一个人最终就能实现不平凡的目标。肯尼迪总统在莱斯大学发表演讲时说出了"在这个十年我们就将登上月球"的梦想。当时的美国没有技术、知识、机构或资源来实现这个梦想，这似乎是一个不可能完成的任务。但所有人都认为这是一个极其重要的任务，因为苏

---

① SAS指的是特种空勤团，是英国最顶尖的军事部队。

联已经在太空竞赛中击败了美国，人们担心苏联最终会主宰太空。他们必须阻止苏联，或者做得比苏联更好。1969 年 7 月 20 日，肯尼迪的演讲仅仅过了七年时间，美国便完成了这一任务。

在使命面前，我们只会面临达到或达不到标准这两个结果。使命决定了我们的行为和投入的力度。最伟大的领导都会投身到最伟大的使命中。丘吉尔是一个真正卓越的战时领袖，他的使命是拯救国家，从法西斯主义手中拯救世界。战前他被视为异类，战后他作为首相的表现也不值一提，但"拯救国家"的使命激发出了他的最佳状态。

我在为本书做调研时发现，出色的领导者不仅仅是接受分派给他们的任务，他们还会积极地寻找可以带来改变的目标，这就印证了肯尼迪的话："我们选择做其他事情，不是因为它们简单，而是因为它们困难，因为这个目标有利于我们，能让我们拥有与最强大的敌人对抗的能力。"他深知，目标越难实现，就越能考验我们、激发出我们最大的潜能。

上述案例中的领导人（丘吉尔、肯尼迪和威尔）不是出于个人野心而实现了伟大的目标，也并不是为了推销自己。他们之所以取得了伟大的成就，是因为他们把使命放在了第一位——使命让他们变得伟大。这种理由听起来微不足道，实际上却很重要。我们都知道那些有个人野心的人，他们可以在薪酬和晋升这些小事上取得成功，但优秀的领导者总是能超越自己，他们的目的绝不是薪酬和晋升，而是公共利益。

抛开理性

众所周知，"管理"是建立在"理性"基础之上的。现代管理的萌芽，可以说就是弗雷德里克·泰勒（Frederick Taylor）《科学管理原理》（*The Principle of Scientific Management*）一书的出版（1911）[①]。这是一本建立在密切观察和反复实验基础之上的著作，作者确定了影响工人工作效率的因素，并将科学实践应用到了工作场所。这种方法在证据和理性的基础上分析案例与理论，作为经典被世界上的各个商学院沿用至今。然而在实践中，人们常常通过寻找证据来支持假设，而不是用反证法证明假设的真伪，这是与科学研究方法对立的做法，但这是商业人士常用的方法。证据之于我们就像灯柱之于醉汉，只能起到支持作用，却不能起到照明的作用。

不管怎么说，"理性"始终是贯穿于商业世界的一个主题。被冠上"不理性"就像是一种侮辱。然而，改变世界的从来都不是理性的人。如果你想要平静的生活，那就做一个事事追求合理的人；如果你想做一个与众不同的人，那就要抛开理性。

例如，在飞利浦公司成立一百周年之际，该公司在日本企业的冲击下陷入绝境，即将破产。飞利浦总裁简·蒂默（Jan Timmer）发布了一项简单的指令：将人员和成本分别降低20%。很快，各种借口便如潮水般涌来：

[①] 泰勒是与马克斯·韦伯（Max Weber）一样的实践者与理论家。

（1）我们已经削减了 20% 的成本，不能再继续减少了；

（2）我们正在成长，不能削减；

（3）我们的成本已经做到了最好，所以继续削减成本显然做不到；

（4）我们是公司最赚钱的部门，砍掉我们会影响公司的主要利
润来源。

任何理性的领导者都会听取这些意见，并且调整目标。但
飞利浦公司仍坚持减少人员、降低成本的目标，最终，这个信
息清楚地传达给了公司的每一个人，即砍掉 20% 的成本，不许找
任何借口，也没有任何例外。最终，飞利浦存活了下来。如果
简·蒂默听从了所谓"理性"的声音，飞利浦很可能就会破产。

这里的教训非常简单：接受了借口，就等于接受了失败。
每个接受采访的领导者对自己承担的使命都有一种救世主般的
心态。举个例子，创建 Teach First 项目时，所有人都说我们不
会成功，但这反而更增强了我们解决问题的决心。如果当初听
从了这些"理性的声音"，我们就会选择放弃。

虽然最优秀的领导者对于自己的使命和任务存在不理性的
想法，但是在完成任务、达成使命的手段和方式上，他们却非
常理性。正如有人所说的："从多佛航行到加莱，风吹的方向
错了，如果还按照既定策略，你的船顺着风的方向永远不会到
达目的地。你要适应天气变化，也要清楚自己的目的地。"两
点之间的最短距离是直线，但是逆风行驶时，到达另一点的最
快方式则是曲线。优秀的领导者知道如何走曲线（在旁观者看

来，他们可能只是改变了方向），尽管逆风，他们还是向着目标稳步前进。

尽管不理性是优秀领导者的重要特征，但我们在后面几章会发现，适应性对他们来说也同样重要。这与基层员工按照固定流程完成合理目标正好相反，任何与他们打过交道、有过挫败体验的人都会明白其中的不同——电话服务中心没有任何权限的工作人员往往会一丝不苟地执行所有书面规定。

简单了解了高远志向的本质后，我们就会对停留在舒适区的领导者产生不满。对出色的领导者来说，高远的志向意味着他们要做到以下四点：

（1）创造未来；

（2）变革与颠覆；

（3）专注使命；

（4）抛开理性。

如你不想最终收获失望，就要对他们寄予期望。我们会看到，为了实现目标，如有必要，他们愿意牺牲友情或长期的业务关系。对他们来说，忠于使命比忠于同事重要得多。

什么妨碍我们拥有高远的志向

没有人天生没有追求，但是区分平凡和优秀的玻璃天花板，就是志向与抱负。为了取得突破，你必须要确定和拥有大部分同事所没有的高远志向。这既是个好消息，也是个坏消息，因为确定真正的高远志向的难度非常大，可一旦确定，你就能脱颖而出。

任何有自尊心的管理者都认为自己拥有高远的志向。因为每个人都能讲出一个能满足自己自尊心的故事。无数的研究表明，在驾驶水平、受欢迎程度、对现实的敏感性和智慧水平等诸多问题上，我们都认为自己要高于平均水平。企业评估体系进一步加深了这种偏见。没有一个评估体系会把一多半员工的评估等级设为平均或更低（若真的这么诚实，员工势必士气低沉）。避免坏消息和奉承讨好的心理，是导致大部分评估体系不诚实地进行评估的主要原因。因此，我们对自身虚高的认知结果从未进行过真正的质疑。就算有领导胆敢指出我们并非100%完美，他们也倾向于用诸如"发展机会"（弱点）、"发展挑战"（重大缺点）等好听的说辞粉饰其真实的意思。

普通领导者常常会用各种方法说服自己，就好像他们真的拥有高远的志向一般。以下是阻碍我们拥有高远志向的四个主要因素：

- ○ 满足于高标准；
- ○ 只盯着成就；
- ○ 不利的环境；
- ○ 熵。

让我们依次探讨每个因素。

满足于高标准

作为一名优秀管理者，你应该为自己设立高标准，而高标准通常反映在较长的工作时间和高强度的压力状态方面。对专业人士来说，最头疼的问题在于高标准遇到模棱两可的工作，而大部分专业工作都是模棱两可的。如果在汽车生产线或者麦当劳工作，你可以在没有压力的状态下保持高标准的工作。在这种情况下，工作内容已经被明确了，工作质量可以通过工作流程确定。只要遵守流程，你就可以达到标准。

在诸如律师、建筑师、顾问、银行家和教师这些专业领域，工作多是不明确且多样的。如果要求你写一份报告，你有可能会写 10 页，也有可能写出 200 页。但无论长度多少，报告总要有需要寻找或者考察的因素，例如需要调查的另一种观点，或者从不同角度看待问题。如果你给自己设定了高标准，这一高标准便会驱使你把报告做得尽善尽美，你的工作时间会因此越来越长，并且随着最后期限临近，你的压力也越来越大，而你知道报告还有很多可以改进的地方。

坚持高标准，你便可以成为普通管理者中最好的那一部分人。但是要想冲破成长的玻璃天花板、成为卓越的管理者，你还需要做得更多。努力达到高标准，不过是你在当下体系内的努力，而高远的志向意味着通过颠覆、挑战和创新去开创未来。

　　高标准可以为领导者提供一个安全的舒适区，而拥有高远志向的人却并不在安全区域内，高远志向会把人们带入未知世界。远大志向会加速你的事业发展，你要么更快地成功，要么更快地失败。更有可能出现的情况是，你会多次失败，但最终从失败中汲取教训后，你会取得超乎任何人想象的更大的成功。

只盯着成就

　　这里存在一个矛盾。要想成功，你必须有所成就；但是如果过于关注成就，你就会让自己陷入高不成低不就的泥潭。为什么会这样？问题出在激励因素和我们看待自己的方式上，也就是我们的思维模式。

　　问题首先出在"赞美"上。人们一般认为，对出色地完成工作的人给予赞美很正常。但是，这种做法却非常危险。

　　很多知名学校多年的教育教学经验表明，期望孩子取得成就以及赞美其取得的成就对孩子来说有着强烈的负面影响。当孩子知觉到"赞美"源自成就时，他们也会领悟到：

（1）不要冒险，因为你有可能会失败；

（2）要停留在舒适区；

（3）如果完成一个任务失败了，那么我这个人也是失败的；

（4）严格遵守指示，避免创新。

成长型思维：
从平凡到优秀的七种思维模式

与其赞美结果，不如赞美一个人所付出的努力。以这种方式赞美，孩子就会明白，努力、创新与学习是好事，"失败"仅仅是学习过程中的一个"小插曲"。

你可能会认为："我已经不是孩子了，我永远也不会掉入这样的陷阱。"不幸的是，许多管理者都会掉入这个陷阱。这个"陷阱"通常被称为"彼得原理"，它指的是由于人们在低一级岗位的出色表现而被晋升到个人能力不足以胜任的高一级岗位。

如果获得晋升的人没有意识到生存和成功的规则已经发生了改变，那么晋升对他来说可能会是个灾难，因为不同级别的任务差别非常大。新近得到提拔的管理者会更加努力地工作，试图证明他们配得上升职，可他们还是按照旧的规则办事，这很快就会变成一个悲剧。

一些高质量的研究表明，彼得原理现象在企业中非常普遍，它不仅"不可避免"，而且"对全球的机构效率产生了显著的负面影响"。与其以低级别的日常表现为标准提拔一个人，还不如随机提拔的效果好。

咨询和法律职业中经典的"发现者""看护人"和"苦工"，完美地诠释了不同角色间的区别。

- 发现者：负责创造工作的合作伙伴。
- 看护人：管理苦工的人；
- 苦工：从事入门级别工作的工作人员；

这三种角色完全不一样：在一个级别取得成功并不能保证在下一个级别还能成功。即使是聪明人，想要适应生存和成功的新规则也会遇到麻烦。

我们在第三种思维模式中会看到，最优秀的领导者不仅会失败，而且还会不断失败，但每一次失败都会成为他们学习、适应和成长的机会。他们一夜之间的成功，通常需要 20 年的努力作铺垫。

对所有级别中最优秀的领导者来说，关注适应能力、学习及成长，比关注成就更有意义。这似乎与卓越管理的圣律截然相反。卓越和完美主义是高标准的极端表现，像汽车制造、生产汉堡和电脑芯片这样流程稳定的加工行业，自然值得追求卓越与完美。但是在伟大领导者面前，在事物发展变化的背景下，这些概念则不值一提。世界上不存在可以造就伟大领导者的神奇模板，曼德拉和海军上将纳尔逊勋爵是两种完全不同类型的领导者，他们所处的环境也各不相同。你需要学习、成长并适应所在的环境。最终，如果你创造了未来，你也一定创造了能让自己得到最好发展的环境。

不利的环境

我们先做一个小测试。下面这些人有哪些共同点？经济学家约翰·梅纳德·凯恩斯（John Maynard Keynes）；作家乔治·奥威尔（George Orwell）、伊恩·弗莱明（Ian Fleming）、

成长型思维：
从平凡到优秀的七种思维模式

奥尔德斯·赫胥黎（Aldous Huxley）；诗人珀西·比希·雪莱（Percy Bysshe Shelley）和托马斯·格雷（Thomas Gray）；约旦、泰国、尼泊尔、比利时的国王；演员休·劳瑞（Hugh Laurie）、多米尼克·韦斯特（Dominic West）和帕特里克·麦克尼（Patrick Macnee）；作曲家托马斯·阿恩（Thomas Arne）（代表作《统治吧！不列颠尼亚》）、休伯特·帕里（Hubert Parry）和亨弗里·利多顿（Humphrey Lyttelton）；发明波义耳定律的科学家罗伯特·波义耳（Robert Boyle）和诺贝尔奖得主约翰·戈登（John Gurdon）；虚构的间谍詹姆斯·邦德（James Bond）和真正的间谍、叛国者盖伊·伯吉斯（Guy Burgess），以及雇佣兵西蒙·曼恩（Simon Mann）和众多恶棍与罪犯；Lastminute.com 创始人布伦特·霍伯曼（Brent Hoberman）；《彼得·潘》里的虎克船长；冒险家贝尔·格里尔斯（Bear Grylls）和雷纳夫·法因斯（Ranulph Fiennes）；两支英国足总杯的冠军球队、九枚奥运金牌获得者和 37 个维多利亚十字勋章获得者；1 位泰国首相和 19 位英国首相；坎特伯雷大主教和伯蒂·伍斯特（Bertie Wooster）。

上面列出的人所拥有的一个共同点就是他们上的都是同一所中学——伊顿公学，这所学校位于伦敦西部。在伊顿公学所处的环境下，学生拥有高远的志向是很普遍的。事实上，那里的大部分学生都是普通人，他们在各个方面并不出彩，但是总有稳定比例的少数人，无论好坏，最终的成就都不平凡。

在离伊顿公学不远的地方，艾玛在更靠近伦敦中部的伊灵的一所中学教书。2011 年，这个地方受到了暴乱的影响。当她发现班里没有一个孩子坐火车去过伦敦后，她决定为这群 14 岁的孩子组织一次游学活动。当学生们被问到离开学校后想做什么时，大部分男孩说他们想成为英超联赛的足球运动员，大部分女孩想成为模特或者成为球员太太团的一员。但是 14 岁的他们想要起步却为时已晚，糟糕的饮食和训练的缺乏意味着他们的梦想只能是幻想。他们的出路就是在当地超市工作，或者去发廊打工。

显然，来自伊灵中学的学生也能成功，但他们没有好运气，没有受到上天的眷顾，也没有可以参考的榜样，与此同时，他们还要面对很多现实的不利条件，即作为第二语言的英语、家庭关系混乱和终日里面对的贫困。

人的命运虽然不由先天背景决定，但环境肯定会对人生产生有利或不利的影响。如果你的周围是一群拥有高远志向的人和优秀的榜样，那么你也能轻松地拥有高远的志向；如果你被一群没有追求的人包围，那么你也会变得像他们一样。举个例子，我在德里 ① 参观了一所贫民窟学校，一位家长抱怨说她的孩子在学校似乎什么都没学到，她心急如焚。她认为，如果想让自己的儿子逃离她所处的生活环境，教育是唯一的办法。这

---

① Delhi，印度城市。

位家长对自己的孩子抱有很高的期望，也做出了很大的牺牲。正如她所说的，在学校上学的孩子并不能为家人挣钱、让家人吃上饭，而只是一个嗷嗷待哺的人。家长离开后，班主任转过来对我说："你看，这就是问题：愚蠢的人永远那么愚蠢，我们什么都做不了。"学校一旦忙着对学生设定低期望值，一定会确保学生跌落到他们所期望的水平——蠢人的水平。

和教育一样，职场也是如此。最优秀的毕业生会本能地接触到要求最高的招聘者。这些招聘者并非只是依靠薪资来吸纳应聘者。如高盛和麦肯锡这样的咨询公司，薪酬出奇的高，而其他如通用电气公司（GE）、宝洁（P&G）或者我们所经营的Teach First，薪酬则相对保守。毕业生知道他们来这些公司工作，工作会非常辛苦。他们也知道自己能从中学习，得到锻炼，获得成长并快速发展。就算过些年后他们被解雇了，他们在其他雇主那里也会非常抢手，因为他们已经懂得了什么才是高质量的工作。与此同时，他们也可能会因此而不可避免地陷入成功的"陷阱"，即他们可以成为一名领导者，但永远不会成为卓越的领导者，除非他们能够冲破完美主义这个玻璃天花板，敢于进入高远志向这个"危险世界"，否则他们的工作会一如既往地高效，但却难以取得伟大的成就。

对于任何正在崭露头角的领导者来说，他们正面临的挑战便是选择正确的环境。成熟而有声望的组织会对其成员灌输高标准的理念，但也会因此孕育从众心态。你或许能赚到大笔的钱、成为一个有威望的人，但你仍然只是组织这个大机器里的一个齿轮。如果你选择了一个低标准、低追求的组织，你的能力也很难得到提高。

寻找能够培养高远志向的环境的方法，就是看处在这个环境中的人走路的速度有多快。想象一下一个小镇与曼哈顿、伦敦中部或香港的不同。无论是在国家层面还是在企业层面，快速文化都有着更高的效率。我采访过一个主管，她已经跳槽到了一家与原单位互为竞争对手的公司，当我询问她两家公司的不同时，她的回答是："我的上一家公司是跑的文化，我们跑着接电话，跑着去厕所，跑着去任何地方；而现在这家公司更美好一些，这家公司总是在走路，是漫步文化。"三年内，她所供职的这家新公司就被"跑着"的公司挤出了市场。目前还没有研究表明这种文化在个人层面是否同样奏效，即走得快一点，是否就能走得更远、赚得更多、效率更高。不过你可以试一下。

面对这个难题，优秀的领导者都有一套解决方案，他们善于创造专属于自己的环境。我们看到世界上很多亿万富翁或者没有完成大学学业，或者从来就没有上过大学。他们中的大多数人也没有获得 MBA 学位。本书调研之初在组建领导小组时，我们事先并没有了解每个人的教育背景。事实证明，其中几个人的学业成绩确实不好：一个人有阅读障碍；另一个因为考试经常不及格，16 岁便离开了学校；还有一个人因父母不重视教育，在 16 岁就开始卖水果。但所有人都决定自己掌握自己的命运，创造他

成长型思维：
从平凡到优秀的七种思维模式

们想要的未来。

熵 [①]

从一个准备改变世界的、充满激情的毕业生到一个头发斑白、愤世嫉俗的中年人，太多人有过这样的经历。谁都会经历人到中年，但是我们可以避免成为一个头发斑白、愤世嫉俗的人。然而没有任何一个有自尊心的毕业生渴望变得愤世嫉俗和消极。所以到底哪儿出错了？

熵增是一个自发的不可逆过程，就像变老一样，我们不会注意到自己每一天的变化，但是十年之后，看看镜子里的自己，我们就会意识到我们已经变了。情况恶化不是由单方面的原因造成的，这是一个缓慢和磨人的过程。教育发展信托基金（CfBT）的 CEO 史蒂夫·芒比（Steve Munby）讲述了低水平追求如何慢慢渗透人心，以至于最优秀的人也会出人意料地受其打击。

当我买下房子后，便把需要装修的部分列出了一份很长的清单，我想把它改造成一个完美的房子。一年的辛苦工作后，我完成了清单上的三分之二的工作，虽然我没有放弃，但也没有继续完成剩下的部分。我们已经习惯了低标准，习惯了妥协。但是伟大的领导者从来不会妥协，他们会和热学第二定

---

① "熵"就是不断被损耗而不能继续做功的能量，熵持续增加的过程是不可逆的。

律^①对抗到底，所以他们总能跳出自己的舒适圈去寻找新的灵感和挑战，以此防止自己产生自满情绪。

反熵增需要我们持续地接受挑战，这做起来并不容易。所以很多人选择了简单的方式和平静的妥协，他们满足于次佳，放任自我。在后面几章中，我们会探讨应该如何培养韧性、毅力和自信，去应对几十年持续不断的挑战。

如何构建志存高远的思维模式

你应该清楚地知道，高远的志向不是指你现在已经拥有的东西。但是只是模糊地期待一个好的未来也是没有用的。你需要确定更为具体的目标，然后付诸行动。以下五个因素可以帮助你培养高远的志向：

- 敢于梦想；
- 抓住机会；
- 创造有利的环境；
- 负起责任；
- 选择自己的命运。

下面我们依次讨论。

---

① 这个定律也称"熵增定律"，即任何一个封闭系统都在不断消耗能量，释放出无法被回收的能量。这大体上说的是宇宙中的熵（无秩序）总是在不断增加，也解释了时间为什么线性流动。青少年的卧室是一个好的例子：他们总能让自己的卧室变得更乱。

成长型思维：
从平凡到优秀的七种思维模式

敢于梦想

以下是一些简单的问题：

（1）10 年后我希望自己是什么状态？（要有野心。10 年后你到底想做到什么位置？10 年时间，足够让你做出真正的改变。要知道，从肯尼迪的登月演讲到人类第一次登上月球只用了 7 年时间。）

（2）要想实现 10 年目标，我需要什么技能、经验和支持？

（3）为了实现我的目标，我需要在 1 年、2 年、3 年和 5 年的时间里取得哪些成果？

（4）本周我需要做些什么才能起步？现在应该做些什么？

这些都是关于高远志向的问题，即创造你的未来、改变自己、专注于使命、敢于有不合理的期望。这也是你树立高远志向最关键的第一步。几乎没有人能取得意欲之外的成就，你的野心决定了成就的上限。高远的目标一经确定，即使差一点没实现目标，你也会比低目标的人取得的成就更多。

现在考察一下我们身边的现实。10 年或 20 年后，你对这一年会留有什么样的记忆呢？你不会记得这一年自己发了多少封电子邮件，不会记得少用了 6.8% 的预算，也不会记得自己的薪水上涨了 5.2%。为了帮助你思考将来会如何记住这一年所经历的事情，你要尽力回忆一下 10 年前自己曾做过什么。好多年我都不记得自己做过什么了，我的"成就"仅仅是向死亡靠近了一年。生活本不该如此灰暗，而应该像一台时刻开着的彩色摄像机。成功的秘诀在于不要只是熬过每一天，你应该能让未来 10 年比过去 10 年拥有的技能和经验更丰富。投资自己的未来便是最好的投资。

抓住机会

乔治·奥威尔曾写道："为了看清楚眼前的一切，你需要不断挣扎。"其实在我们身边有很多机会，但我们通常对此视而不见。理查德·魏斯曼（Richard Wiseman）博士做了一个既戏剧化又显极端的相关测试。他让一组志愿者记录一个篮球队的传球次数。在传球过程中，一个穿着猩猩制服的人走到团体中间，敲击了自己胸部几下后走开了。不少志愿者都准确记录下了传球的次数，但 20 名志愿者中仅有 5 名志愿者注意到了穿猩猩制服的人。同样的道理也适用于我们的工作和生活。我们把注意力都放在了保持业绩、经营每一天的生活上，从而导致我们难以注意到出现在眼前的数不清的机会。

最初，领导小组中的大部分成员并不被看好能取得现在的成就，但是他们发现并且抓住了机会。一旦接受了挑战，他们就会痴迷于完成由机会带来的任务。这就是十年计划的解药。计划不会把你带到一个固定的目的地，而你可以把计划看作一段能够带来很多新机会的旅程。随着技能、经验和履历的增加，你也会迎来更多的机会。

逆境中经常孕育机会，以下是 5 个与此相关的例子。

（1）你发现银行对中型企业的收费太高了，他们不但服务态度
　　恶劣，而且已经超过 20 年没有创新了。即便如此，他们仍
　　然赚到了丰厚的利润。这通常会引起管理者、官员和竞争管
　　理部门的愤怒。这时，你的机会来了：是否开办一家不那么
　　贪婪、效率不这么低下、能够提供更好服务的银行呢？

（2）你在公司的异地办事处工作，总公司的工作人员正在强制
　　削减每个人的生产成本，但你发现他们悄悄地把自己的成
　　本预算提高了 30%。这时，你的机会来了：主动带头，努
　　力让他们的成本回到原来的水平。

（3）你的公司在日本有业务，这项业务并不赚钱，没有任何销
　　量，看上去已经完蛋了。这时，你的机会来了：购买一张
　　去日本的单程机票，来一场人生冒险，学会如何做领导、
　　如何创造不同。

（4）你被持刀抢劫了。你可以抱怨，也可以以此为契机设立一
　　家慈善机构，让犯罪分子有机会做些小生意，不再靠犯罪
　　挣钱。事实上，通过这种慈善方式，现在已有 350 个合法
　　企业开始营业。

（5）你在电台广播里听到了一个关于让优秀毕业生到城市贫民
　　区学校教书项目的采访。这时，你的机会来了：你应当采
　　纳这个想法，应用到自己的国家，进而创造全国最大的毕
　　业生招聘机构。

这些都不是凭空想象出来的例子，而是我曾邂逅并抓住的真实机会。尽管我也可能错过了更多的机会，但只要用心、有勇气，你就会发现身边处处都是机会。很明显，没有一个人（包括我自己）具备抓住上述这五个机会所需的全部技能或经验，但把握住机会，重要的并不是技能和经验，而是你的思维模式。每一个机会，其实也都是你学习和成长的机会。如果想等到做好 100% 的准备时再行动，你将会永远等待下去。迎接新挑战时，没有人能做好 100% 的准备。

机会就在我们眼前

想象一下，你在报纸上看到了一封沙特阿拉伯大使特尔其·阿尔·费萨尔（Turki Al Faisal）王子殿下写给伦敦的信。王子要求英国媒体不要一有机会就没完没了地批评沙特。

这时你可能已经开始寻找下一段可看的内容了（按照你的喜好，可能是体育或时尚板块）。但是，如果你选择深入阅读这段信息，你会发现沙特王子称，沙特建国还不到100 年——他的论点之一，就是暗示英国用了多少年才赋予了女性投票权。他表示，沙特和任何国家一样都面临挑战，他们需要以符合国家文化背景的速度来应对这些挑战。他接着要求英国与沙特合作，帮助沙特发展。

每个读完这封信的人接下来可能都会做些更有趣的事,例如去吃早饭。不过也不是所有人都会这么做。马克·埃文斯(Mark Evans)在沙特生活过一段时间,他决定写一封信给大使,告诉对方自己在沙特的经历很愉快。大使给他回了信,还邀请他一起喝茶。

他们谈论了改变公众态度的可行方案。交流之后,马克在王子的资助下建立了沙漠大学,还在大英博物馆举办了启动仪式。十年时间,这个项目帮助了众多不同文化背景的年轻人和未来领袖前往沙漠,彼此交流、了解。以此为基础,马克成功地在阿曼建立了"拓展训练"的分支机构。

只要留心寻找,机会就在眼前。每一个问题都是新的机会,每一份报纸也暗藏着大量机会,只不过有些机会的把握难度更大而已。你会在今天发现什么样的机会呢?

创造有利的环境

如果你所处的工作环境异常沉闷,同事总是两面三刀,单位发展前景也不好,老板又特别招人讨厌,谁应该对此负责?答案就是你自己。当遇到困难时,我们很容易把责任推卸给同事、管理层、老板或者环境。这是个轻松但却错误的选择。

下面的五个测试可以帮助你判断自己是否处在一个可以培

养高远志向的合适的工作环境中。这些测试也可以用来评估工作机会。

（1）你是否学习和成长了？最重要的还是能否获得有价值的经历。"有价值"意味着这些经历可以挑战你，让你得到发展，让你走出舒适区。你应当获得能在当下以及自我规划好的未来中可以反复使用的经验与技能。

（2）今天和明天存在机会吗？现在你是否处在合适的位置？是否有一个愿意支持你的老板？你能否争取到其他机会或其他老板来帮助你成长和发展？你是否身陷一个自由度很低、业务流程死板的职业系统之中？

（3）你是否享受自己正在做的事情？只有做感兴趣的事情时，你才会拿出好的表现。之所以这样说，是因为要想表现出众，你不仅要付出时间和努力，还要做出承诺。如果是不喜欢的事情，你不可能在多年时间里一直保持相当巨大的投入。享受并不是自我放纵——这是成功的关键。

（4）你有可供参照的优秀榜样吗？我们可以从自己和他人的经历中获取经验与教训。看到别人做得好的地方，我们会尝试模仿。看到有人搞砸了，我们会提醒自己不要犯同样的错误。你需要一个可以展示什么是高远的志向并能实现这些志向的榜样。

（5）你能找到正确的支持吗？对一些人来说，这意味着需要聘请一个可以挑战自己、督促自己的教练；对其他人来说则是在工作中寻找一位优秀的导师，最好是职位至少高出自己两个等级的人，他可以指导你，为你提出建议；对另外一些人来说，找到正确的支持意味着拥有一个贤内助，帮助你搭建自己需要的支持网络。记住，不提出要求，你就不会得到回应。

环顾自己所处的工作环境时，你可能会意识到自己是个幸运的人，因为你正处在一个良好的环境中。那么，你更应该最大限度地利用这一优势：主动寻找合适的机会和合适的支持网络。

如果环境不是那么称心如意，你会怎么做？要有耐心，尽管山那边的草看起来总是更绿一些，但是你要记住，雨水最多的地方才是草最绿的地方。在所有的组织机构中都可能存在老板平庸、工作乏味、内斗频频、资源匮乏和压力巨大等情形。很多人离职不是为了换工作，他们只是换了个老板①。记住，组织机构的人事永远在不停变动，坏老板不会永远在位；换了一个新地方，新的好老板也不会永远都在。离开时，你应当有一个合适的理由。看看你的新角色能否满足上面的五个测试吧。

负起责任

幸运的是，拥有高远志向的人只是少数，只有极少数人能真正将高远志向转变为现实。这意味着如果你扮演了一个有高远志向的人，你就会很显眼。你面对的挑战则是如何在表现突

---

① 一项调查显示 75% 的离职源于管理层可控的因素，这也证实了大部分组织拥有类似问题的说法。

出的同时不让自己成为头号公敌。

你可以用两种方式帮助老板。第一种方式是尽量不将琐事交给他们处理。高级经理有时就像是一群饲养员，这显然不是他们喜欢的工作，你要保证自己不给他们制造麻烦。虽然尽量减少麻烦只是低层次的要求，但是对你或者所在组织的成功却至关重要，因为处理日常琐事可能会占用你的大部分时间。

第二种方式是从日常琐事中抽出时间，通过最大限度地领会老板的意思来帮助他们。每个人都有自认为重要的计划，特别是 CEO，他们的讲话可能很乏味（最主要的原因在于他们的公关演讲能力都很差劲），但你应当透过表面聆听实质，你的 CEO 会告诉你他们认为最重要的事情。大多数人听完只会耸耸肩膀，像往常一样去喝杯咖啡，继续之前的工作。如果你是为数不多的会聆听并能采取行动的人，你就会脱颖而出。身体力行地按照高层的计划行事，你一定会被高层注意到。

举个例子，某银行的一位 CEO 决定把重点放在改善客户体验上。风控经理对此感到困惑，到底关注客户体验与他们的工作有什么关系？他们的工作是避免受骗、避免损失和愚蠢的决定。大多数人认为 CEO 说的是银行的其他部门，所以他们专注于做他们该做的事——管控风险。但有一个风控经理采取了不同的策略。他决定每个月至少花两天时间去维护客户关系和拜访客户。他每个月都会观察一个不同的行业，如建筑业、农业和零售业等。走出去后他发现，风险评估程序延阻了整个流程，许多程序要么过于复杂，要么在其他地方存在重复流程，几乎没有存在的必要，反倒是一些重要的信息经常被错过。他的行为和发现很快就被 CEO 注意到了。没过多久，CEO 认定他找到了新的风控主管，而这位风控经理从根本上改变了银行风险管控的方式。

在另一个案例中，一家大型咨询公司决定强化团队合作。该公司的后勤经理查克认定，后勤部门是团队工作改革的核心。他走进了高级合伙人铺着厚厚地毯、摆放着古董复制品的豪华私人办公室，说道："如果你想更好地强化团队合作，首先应该放弃你这间办公室。"正在用高档瓷器喝茶的合伙人差点被呛到。查克解释道："撤销所有私人办公室，从合伙人开始，转向能清楚看到每个人的开放办公环境。如此一来，没有地方躲藏，容易控制，团队合作和沟通效率都能提高，还能降低成本。"六个月内，所有合伙人的私人办公室都成为了历史，连带一些死脑筋、无法接受查克大胆建议的合伙人也被清理了出去。查克和风控经理都经受住了伴随高远志向而出现的考验，他们做到了以下关键的四点：

（1）创造未来；
（2）变革与颠覆；
（3）专注使命；
（4）抛开理性。

如果你作为后勤经理，你会如何提高团队合作能力？你不需要等到自己达到最佳状态后再去展现并培养高远的志向，现在就可以开始。即便不能满足 CEO 的要求，你仍然可以创造机会，发展自己的高远志向。最好的机会往往出自以下情况：

（1）不得不进行真正的变革；

（2）被迫进行变革与颠覆；

（3）离开舒适区，学习并成长；

（4）组织机构内的级别大幅提高。

幸运的是，任何组织中都会出现这样的机会。

（1）出现危机。最初没人知道应该怎么做，你应该抓住机会。大多数人把危机看作应当尽力避免的难题，但这恰恰是你发光发热的机会，你可以带来改变，可以学习和成长。

（2）需要孕育新的理念。高管们总是在想办法创造新理念，他们需要帮助和支持才能让自己的想法成真并取得成功，但他们可能没有足够的资源。如果你自愿加入他们的项目，或者担任项目的领导，高管们自然会感激你，成为你的盟友。等这个项目正式启动时，你就会成为重要人物。

把握机会的关键是尽早出击，机会往往转瞬即逝。如果你是第一个志愿者，你就有可能成为领袖；如果你是第十个跟风加入的人，你也许就只能扮演一个很小的角色，你的变革和颠覆能力就会相对较弱。你可以提供帮助，但你不会养成拥有高

成长型思维：
从平凡到优秀的七种思维模式

远志向的成长型思维模式。做好承担风险、领导他人的准备，这是学习和成长最快的方式。

选择自己的命运

每个人都有选择权，并且我们时刻都面临着选择。但我们并不总能如愿以偿地做出让自己安心的选择。选择决定了你是否愿意拥有高远的志向。

要记住，高远志向意味着：

（1）创造未来；

（2）变革与颠覆；

（3）专注使命；

（4）抛开理性。

这是很高的标准，用来区分"优秀"和"平凡"。高远的志向意味着努力工作，意味着承担风险，也意味着频繁的挫折和挑战。但这同样意味着个人的圆满、经历及人生意义。你将会创造自己想要的未来，并且掌控自己的命运。

当然，你也有其他合理的选择：专注于高标准，学习不仅能满足现任雇主，也能满足未来雇主对技能的需求。提到高远志向，其中同样涉及努力工作，面对挫折、挑战和压力。每周只工作四个小时，成功便不会降临。

无论做出什么样的选择，你都会面临一定的风险，但拥有高远的志向具有明显的风险，如果你试图变革并颠覆现状，你会面对大量态度激烈的反对声音。但这至少能使你看到风险，并做出应对。如果你选择墨守成规、不去挑战，虽然能降低出现显性风险的概率，但是你仍然要面对以下三个隐含的风险。

（1）你的同事是你的竞争对手。他们和你一样，要争取更高的职位、更多的奖金、资源和时间。

（2）你的技能变得多余，你的职位被外包给了其他人或者海外公司，组织结构可能会被重新调整，管理可能扁平化或优化。换句话说，老板可能会因组织调整炒了你，你发现无法掌控自己的命运。

（3）你的雇主在竞争中败下阵来，被竞争对手收购或取代，你又一次发现无法掌控自己的命运。你可能是一个很棒的员工，但是当你的公司破产之后这将变得没有任何意义。

领导者给人印象最深的一点，就是他们都会积极应对自己的选择。他们都经历过挫折和艰难时期，但他们从没后悔过。即使在最艰难的时期，他们也深知命运掌握在自己手里。没有一个人愿意回到命运被别人掌握的世界。

我们需要做出的第一个选择，就是确定志向的高低。很多人在这方面疏忽了，他们只是和周围人一样，随波逐流。不要进入默许状态，你有选择权，应该做出决定。

成长型思维：
从平凡到优秀的七种思维模式

要点梳理

拥有高远的志向意味着

/ 敢于梦想，创造未来；

/ 变革与颠覆，而不只是寻求改善；

/ 专注使命，而非关注自己；

/ 设定目标时抛开理性，但在实现目标的方式上要保持
  灵活。

拥有高远志向的主要障碍

/ 只愿生活在安全的舒适区，而不愿学习和成长；

/ 专注于现有工作，而不是为下一个可能扮演的角色做
  准备；

/ 宁愿在低追求的环境中工作，也不愿拥有高远的志向；

/ 放任自己，让熵增和低标准占据自己的生活。

你可以通过以下方式培养高远的志向

/ 敢于梦想：想象完美的未来。

/ 抓住机会：发现身边的机会。

/ 在具有高远志向的环境中工作：宁愿选择"奔跑"的
  文化，也不要"慢走"的文化。

/ 负起责任：与有影响力的人合作，而不是做他们的跟
  随者。

/ 选择自己的命运：知道自己想要什么，并为之努力。

02

第二种思维模式

勇于行动

追逐梦想需要勇气。没有勇气，梦想便仅仅是梦想。幸运的是，勇气并非先天遗传特性，我们都可以成为有勇气的人，镇定自若地应对风险。

成长型思维：

从平凡到优秀的七种思维模式

几千年来，领导者们无一不需要勇气。国王们，以及像波阿狄西亚（Boadicea）[①]这样的女王都会勇敢地带领军队投入战斗。直到今天，传统社会仍然希望他们的领袖拥有勇气，只不过 CEO 们不必再亲自到战场上愤怒地挥舞战斧了（除非为了振奋员工士气而在讲话中做出比喻）。

勇气似乎在成功的思维模式里没有容身之地。可事实上，我们的领导小组通常将勇气视作取得成功最关键的领导品质之一，在 93% 的时间里，勇气会被归入出色领导者应具备品质的前五位。这一章将会探索领导者认为勇气是其核心思维模式的原因。

"领导"是一门带领其他人实现本不可能实现的目标的艺术。如果领导者志向高远，那么他要做的绝不只是在"多快好省"上更进一步，他会改革、颠覆，设定不合常理的目标，创造一个不仅更好，而且与众不同的未来。依靠冒险你就可能实

---

① 又名布狄卡（Boudica）或威尔士的比达格（Buddug in Welsh）。据说她大约在公元 60 年带领 10 万名爱西尼人反抗罗马统治。她在历史上的作用自然不容小觑。

现这些目标，然而冒险需要勇气。

对于商业领袖来说，勇气并非做出勇敢的表现。所谓勇气，指的是敢于冒险。真正的风险与商业经营无关（因为商业世界时时刻刻都存在着风险），而总是与个人有关。如果工作出错了，你可能会被老板训斥，被同事嘲笑；而如果事情进展顺利，他们可能会把所有功劳揽在自己身上，这才是风险。

在这一章，我们会探索两个主题：

1. 风险的本质；
2. 如何构建勇于行动的思维模式。

领袖的勇气：传统社会的经验

关于领导力，部落社会为我们提供了很好的榜样。领导一个部落，就像在没有人事部门、IT 部门、电子邮件、电话、律师和顾问这些组织支持架构体系的限制下领导一个现代组织，假如作为部落领导失败了，你损失的不是奖金或晋升机会，而是可能丢掉性命。那才是没有安全网的领导。

七年时间里，我实地考察了从马里到蒙古、从北极圈到巴布亚新几内亚所在的澳洲大陆等多个地区的部落组织。面对每一个人，我都会问，他们对领袖有什么要求。我总能听到三个近乎相同的答案：

（1）勇气；

成长型思维：
从平凡到优秀的七种思维模式

（2）贡献；

（3）责任。

责任意味着成为楷模，贡献意味着当遇到麻烦时你要用自己的财富和权力照顾部落成员，而勇气……

勇气是什么我不太敢确定，不过每个人都能讲出一些英勇的传说，例如，杀死野兽或者打败其他野蛮部落。有一次我和几个部落勇士一起巡视边境，一群鬣狗从灌木丛里冲了出来，径直冲向我们。我做出了任何一个理智的懦夫都会做出的选择——藏在勇士的背后。面对死亡的恐惧，我的反应引发了他们的大笑。这让我想通了他们之所以能够成为勇士而我不是的一个原因。过了一会儿，引发他们大笑的原因更加清晰了，一个拿着小木棍的小孩子也从灌木丛中冲了出来，他正在追赶那群鬣狗。这个小孩子当时正在保护羊群，而羊群是整个村子的财富，他知道必须不惜一切代价保护这些财富。在那一瞬间，那个孩子做出了贡献（保护羊群），负起了责任（攻击鬣狗，而不是跑去寻求帮助），同时展示出了勇气。面对危险和恶势力时我们都需要勇气。如果说"领导力"的重要因素是行动，不是语言，那么那个孩子就是一个天生的领袖。你需要赶走的"鬣狗"是什么呢？

风险的本质

当大多数人考虑一个组织里存在的风险时，他们会想到健康和安全之类的问题，或者与任何大型项目有关的风险和问题。这些都是常规风险，是公司的日常处理事项。有一个行业的存在，就是为了帮助其他组织应对风险，这就是保险业。这些日常风险是可预知的，你可以分析并做出应对。我们会看到，合理风险并不能将卓越的领导者与普通人区别开来。真正能让领导者脱颖而出的风险总是未知的，并且与个人有关。

下面我们将依次分析这三种主要的风险类型：

（1）合理风险；
（2）未知风险；
（3）个人风险。

合理风险

大多数组织都做好了应对商业风险的准备，董事会的固定议题之一，就是审查年度风险登记表，他们会记录各种风险、问题、缓解措施和影响评估。如果风险防范做得好，企业即便下大注也是理性的赌博。想想那些投资电影的制片公司，很多都会失败；大型石油公司在勘测上的投资可能没有起到任何作用；银行可能无法收回贷出去的钱。这些都是巨大的风险，失败的可能性比较高，偶尔还会出现灾难性的失败，例如，2008

年银行业遭受的重挫，2010 年英国石油在墨西哥湾的原油泄漏灾难。不过这些也只是例外而非常态。

应对合理风险并不需要勇气，那不过是一项组织中的常见业务。不过，不同的机构对风险的评定标准也不相同。例如在伦敦市区（金融区），投资交易员承担的风险通常高达数千万美元，而在西边五公里外的威斯敏斯特，在社会公众的生活中根本不存在这样的风险。如果政府部长们对同僚做出的评价是"做出某某决定非常勇敢"，那才是最侮辱人的言辞。然而，把一个环境中常见的风险放到另一个环境中，会像伏地魔出现在哈利·波特的生日派对上那样，令人唯恐避之不及。

应对合理风险是一个组织基本的管理活动，这并不能体现最优秀的领导者与其他人的区别。对合理风险的容忍程度取决于所在组织的文化。摧毁一个组织的风险通常都不是已知风险，这并不令人意外，未知风险才是罪魁祸首。其中最大的风险就是不作为。当新的技术和新竞争出现时，你注定会被取代，或者成为市场上无关紧要的参与者。我们会在第七种思维模式中看到，不做调整的企业最终都会灭亡。冒险当然有风险，但不冒险却是致命的。无论对公司还是对个体来说，这都是真理。我们一定要调整、适应、成长并且冒险，否则就会被淘汰。

未知风险

尽管大多数企业知道应该如何管控合理风险，但面对不曾出现过的问题时，他们或多或少不怎么擅长应对。大多数企业重视可预测性和统一性，不喜欢不确定性和多变性。全面质量管理（TQM）理论的创造者 W. 爱德华兹·戴明（W Edwards Deming）将高质量定义为变化的减少，即第一百万个计算机芯片应该与之前所生产的那些完全一样。尽管没有人直说，但这种思维也渗透到了管理领域。很多领导哀叹道："没有惊喜就是惊喜！"

要求可预测性和一致性的背后有着合理的原因：降低成本，提高质量。这种心态也使管理变得更加容易。在这种情况下，任何创新都是渐进的：人们总是在寻找减少多变性、降低成本、缩减时间的方法，从而更好地满足客户的需求。这就是全面质量管理的本质。渐进式改进不会带来突破，但是会扼杀真正的领导力。不过这种做法很有效。例如，在安德森咨询公司（现在更名为埃森哲），传说中的"方法一"指的是一个系统，可以把聪明的年轻毕业生转变成能开发并执行大规模复杂系统解决方案的项目经理，这些项目经理把全部精力都集中在详尽明确的每一项需求和每一个步骤上，以此消除不确定性和未知的可能性。这个方法是整个业务的根基。

不可预知是企业最不喜欢的风险类型。与之相反，企业家和卓越领导者都会把未知和不确定看作机遇。如果想取得突破，只依靠可预测性是行不通的。你必须突破局限、自由发挥。

任何组织都会遇到未知和不确定的时刻，正是这些时刻决定了一个人能否成为最优秀的领导者。一个平庸的管理者将会安静地退后，静待不确定和危险自我瓦解；优秀领导者将会挺身而出，发现机会并牢牢把握。用大卫·贝尔（David Bell）爵士[①]的话说就是："勇气不遵循常规和公式，而是改变时代潮流。"安全和平静的生活指的是墨守成规，跟着既定程序走。几乎没有优秀领导者满足于安全和平静的生活。

对不可预知事物的态度，是将领导者从管理者中区分出来的可靠标准。作为领导者，你必须接纳"不可预知"，这意味着你要克服工作和生活中所有不确定的未知恐惧。

个人风险

管理者并不害怕合理风险，但是他们害怕个人风险（害怕被人看到犯错，害怕丢面子，害怕批评和失败）。恐惧阻止了人们冒险，所以理解恐惧就成了理所应当的事。对不同的人，"恐惧"有不同的含义，就像有些人害怕蜘蛛，有些人不怕。下面的两个例子可以说明问题。

那是一个周末，一家全球银行的 CEO 要在即将到来的一周参加董事会会议。为了体现银行对 Teach First 项目的支持，他还同意前往城市里一个环境恶劣的学校义务上课。因为过度担心，他损失了周末大量可以用来工作和准备的时间。他不担心董事会

---

① 大卫爵士是雷丁大学副校长，也是英国教育部的常任秘书长。

会议，因为他知道如何同全球高管打交道，他担心的是学校的课程：如何与学生打交道？他应该说些什么？他能顺利应对吗？与此同时，被派来帮助他的教师因为要在银行高管面前进行一小段演讲来介绍这个慈善项目，也被吓得不知所措：她该如何与全球知名的大人物打交道？她应该说些什么？她能顺利应对吗？

大卫·科尔（David Cole）是苏格兰橄榄球队队长，他同意参加一场（某种程度上的）友谊赛，对手是SAS队。用他的话说："他们都问我，你怎么敢在55 000人面前比赛？如果丢了球或者某个球没踢中怎么办？我问他们，当时是怎样的勇气促使你在波拉波拉岛进入洞穴寻找恐怖分子的？"

这两个案例向我们展示，恐惧并非是绝对或普遍的。即便处境相同，不同的人也会做出不同的回应，恐惧属于个人。认识到这一点是克服恐惧的第一步。与其说"这很危险"，不如直接说"我害怕那很危险"。

第二种说法会引导我们做出正确的回应，引导我们考虑以下两个问题：

（1）我怎样才能减少行动的预期风险和危险？
（2）我如何才能减少自己面对这种情况时的恐惧反应？

我们既需要应对外界的现实，也要面对我们内心应对现实时产生的情绪化反应。后面我们会提到，单纯地回避情绪化的反应是行不通的，我们需要更加认真地对待这个问题。

这两个案例也说明，恐惧在很大程度上源于未知。首席执行官的"舒适区"是董事会；教师的舒适区是教室。面对一个完全陌生的环境，无论教师还是首席执行官，既没有技能，也没有接受过训练，舒适感便被恐惧取代了。他们的例子告诉我们，减少恐惧的办法就是让陌生变得熟悉起来：针对大卫·科尔对 SAS 队员如何追捕恐怖分子的询问，SAS 队员的回应很简单："我们练的就是这个。"针对他们害怕在 55 000 人面前比赛的恐惧，科尔给出了相同的回应："我练的也是这个。"训练能够克服恐惧。

如何构建勇于行动的思维模式

以下是六种培养勇气的方法。这里没有专业理论，一切方法都是以成功领袖的真实案例为基础提炼出来的。这六种方法如下：

（1）通过训练变得勇敢；

（2）相信自己的使命；

（3）创造更大的恐惧；

（4）用勇敢的方式思考；

（5）寻求支持；

（6）掌控自己的恐惧。

下面我们将对上述六种方法进行详细讨论，你可以从中选择最适合你的那一种。

通过训练变得勇敢

在我负责的一个讨论组里，有一位参与者向我提出挑战。"勇气？"她问道，"你无法把别人训练成勇敢的人。勇气这个东西，要么有，要么没有。"房间另一边的县消防队长礼貌地举起了手。我觉得他就像伴随着军号声准备冲过来拯救我的骑兵一样，所以我同意让他发言。"如果我的消防员勇敢，我会开除他，"这个消防队长说，"勇敢的消防员很快就会变成死去的消防员。"这个说法让我们都有些惊讶。另一个参与者问了我们都想问的问题："所以你到底是如何让他们进入烟雾弥漫、熊熊燃烧着的建筑物里救人的呢？"

这个消防队长讲述了他训练新队员的方法。第一个星期用来学习如何正确着装以及如何保管设备；掌握了这些基础知识后，他们会继续学习如何使用短梯；接着，他们可能会学习如何用水桶灭火。慢慢地，他们会爬得更高，遇到的火情会变得更大、更复杂，但在每一个阶段，队长都会考察新队员是否有能力并且安全地做好该阶段的工作。最后，他们会做我们认为最危险的事情。但对消防人员来说，那是他们的例行工作，是相对安全的。

你也可以按照消防员的方式来训练自己，没有必要在工作的第一天就疯狂地冒险。如果这样做，你的职业生涯大概会既短暂又悲壮。我们需要学会逐渐承受更多风险，一小步一小步地接受更多挑战。例如，在大众眼中，面对公众演讲是比死亡更让人恐惧的事情。一项调查显示，人们对公众演讲的恐惧介于地狱和活埋之间。但即使是完全没有经验、紧张得要命的演讲者，也可以通过训练迅速掌握演讲技巧。在一个经典的测试里，从来没在公众面前演讲过的安·布伦南（Ann Brennan）受一家电视公司邀请，在一个政党的年度会议上面对上千人完成了人生中的第一次演讲。她的演讲非常成功，听众的鼓掌和欢呼几乎未曾停止。《卫报》（*Guardian*）记者激动地写道："她的演讲调动了全场的激情，这是史无前例的。"深度培训和多次实践在任何时候都能战胜恐惧。

相信自己的使命

真正投身于使命的人愿意做出额外的牺牲。使命越宏大，潜在的牺牲就越大。自古以来，数不清的圣徒和殉道者都为信仰付出了一切。一般来说，企业家愿意承担绝大多数人连考虑都不会考虑的风险，例如，为了筹集资金把自家的房子抵押出去。但他们会比其他人走得更远、跑得更快。举个例子，沙拉斯·吉万（Sharath Jeevan）决定设立一家慈善机构，致力于解决全球贫穷地区的教育问题，这是一个合理并且雄心勃勃的起点。第一年，他在德里做了试点；第二年，他在乌干达做了第二个试点，并且在印度北方邦做了第三个试点，一共覆盖了180 000所学校。对于一个刚刚起步两年的创业项目来说，这无疑是相当有雄心的行动。只有对自己的使命和抱负有着深深的信念，你才愿意接受如此规模的挑战，拥有如此大的野心。

使命与勇气

迈克是伦敦生活环境较差地区一所学校的副校长，以下是他向我们叙述的故事。

我们学校有些学生的行为很糟糕。校长担心如果只关心行为，我们就成了监狱看守而不是教师，我们会忘记教育和学习这个重点。于是，我设立了一个行为管理的系统。在这个系统运行了一周后的一天，警察打来电话说有110名我们学校的孩子在街头打架，于是战术支援小组（也就是配有枪支和警棍的警察）被派去驱散那些孩子。警察的确可以驱散他们，但那样做会造成警民关系恶化。所以我们做的第一件事，就是阻止战术支援小组介入。

到了现场后我发现，有七名教师只是站在那里旁观，他们没有介入，当时，已经有三个孩子被刺伤了，我和校长毫不犹豫地冲了进去。后来回想到这里时我觉得我们是全宇宙最蠢的人，因为那时我们拥有的"武器"只有身上的外套。但我们最终还是制服了他们，让他们坐车回家。

周末思考这件事时，我问自己，"发生了什么？"任何有孩子参与的事情，局势都有可能迅速升级，而我很不喜欢那种状态。周一时，我主动为周五发生的事承担了责任，这意味着事件的结束。而作为一个集体，我们可以继续前进了。

> 迈克最勇敢的表现，就是直接面对学生。他的第二个勇敢表现，就是处理与学校其他员工的关系——他主动承担了责任，没有指责别人。这就使得其他人可以将这件事抛在脑后，整个团队能够继续前进。

本书调研的每个优秀领导者都全身心地坚守他们的使命，使命就是他们行为背后的动力。他们做好了承担更大风险的准备；他们的韧性在逆境中被激发；他们拥有更远大的志向；在完成使命的过程中，他们也愿意付出更多努力……如果你的使命是达到预期目标，毫无疑问你会努力追求这个目标；如果你想要拯救世界或者拯救公司，那么你对风险、志向和应变能力会有完全不同的看法。

创造更大的恐惧

让我们回到非洲中部，军情六处的特工正在深入更不为人知的地方，可他心里那个声音有一半时间都在尖叫着要他回头。是什么让他继续前进？他害怕空手而归。用 SAS 队员的话说，就是："壮烈牺牲总比愚蠢地活着回去要好。"这听起来有些极端，但是给周围同事带去了无比巨大的压力——没有人想成为团队中的蠢货。

在另一个例子中，大卫·科尔谈到了表演的压力："作为新手，我们必须在星期一早上回到办公室，面对接待员和同事。从他们那里你能得到明确的反馈。"对嘲笑、排斥和失败的恐惧，是让你倾尽全力的巨大动力。

在对传统社会进行实地考察时我发现，任何社会团体所能做出的最大惩罚，就是把一个人排除在集体之外。这是一种毁灭性的惩罚，甚至比死亡更糟糕，因为整个家族会因此蒙羞。为了留在一个集体中，人们会采取任何极端手段，甚至包括经历可怕的进入仪式（任何正常人都会不惜一切代价避免的行为）。但这些人是理智的，他们对被排斥的恐惧比疼痛更甚。

在商业世界，领导者利用这一点来勉励组织成员自觉地应对改变。没有人真的喜欢变化，人们总是要么消极、要么积极地抗拒改变。为了消除这种抗拒心态，领导者需要创造一个"燃烧平台"，证明不做任何事要比做出改变承受更大的风险和痛苦。这就是简·蒂默引领飞利浦公司做出重大改变的原因。对所有人来说，成本和员工总数分别削减 20% 无疑是非常痛苦的，但这总比破产倒闭好得多。在那个时候，倒闭是摆在飞利浦公司面前的风险之一。

用勇敢的方式思考

当未来行动存在潜在风险时，人们自然会在考虑到所有风险后悄悄离开。这是人性，可能与远古时代我们的祖先学会在野外环境下躲避掠食者而获得生存有关。无论起源是什么，显然我们对风险的反应比对机会的反应更快。生存本能在短期内是安全的，如这能促使我们设法不被野兽吃掉；而从长远来看，这却是危险的。试想一下在会议中有人提出某个大胆的提议时会发生什么吧。泼冷水的不在少数，同事们会迅速指出风险，提出各种难以回答的问题，以此显示自己的聪明才智。但这样等于扼杀创意，并且告诉所有人，在公共场合提出好主意是愚蠢的做法。只是因为我们厌恶风险，一个好创意就这样被错过了，以后也不会再有这样的好创意出现了。

我们需要训练自己，从不同的角度思考问题。一般来说，普通的思维模式会促使我们这样想：

第一步：思考这个想法存在什么风险和问题。

第二步：若风险和问题太多，那么到此为止。

现在尝试勇于行动的思维模式。

第一步：思考这个想法有什么好处，即能够起到什么样的作用，
我们可以得到多大的回报，最好的结果是什么。

第二步：要想获得最好的结果，我们需要做什么。

第三步：思考如何处理风险和问题。

勇于行动的思维模式与普通的思维模式相比存在两大主要不同。第一，就是在思考所有顾虑前先考虑一个想法的好处。从一开始便专注于最好的结果，而不去想最坏的结果。如果这么做，你就会有"赢得大奖"的可能；如果奖励足够丰厚，就

值得你去冒险实现。

第二，就是围绕行动提出问题。一个简单的方法就是提出
"如何……"这种类型的问题。表 2-1 中"普通的思维模式"一列
显示了我们初创 Teach First 项目时很多聪明人给我们提出的建议。
那些建议司空见惯，但却致命，那种思维模式会彻底扼杀我们的
创意。相比之下，勇于行动的思维模式会促使我们做出行动。

表 2-1　勇于行动的思维模式

普通的思维模式	勇于行动的思维模式
没有毕业生会加入一个不知名的初创项目	如何才能创造一个令人信服、有价值的主张来吸引优秀的毕业生
你不可能在六周内完成对教师的培训	如何在六周内完成对学生的培养、在他们进入学校后给他们适当的支持
没有钱	如何寻求政府和私营部门的支持
工会将会讨厌这个项目	如何找到工会中合适的交流对象

普通的思维模式要么终结对话，要么催生争论，导致双方
的分歧更加根深蒂固。勇于行动的思维模式则会提出问题、展
开讨论、避免思维定式、鼓励每个人寻求解决办法，推动人们
采取行动。当你需要承担新角色、接受新任务或者得到新工作
时，要用勇敢的方式去思考。如果首先关注的是风险，也许你
就不会再深入下去了；如果简单地认为行动等于结果，你就只
能拥有公式的左边一半。环形、多重的思维角度会让你在认真
思考的基础上愿意承担更多风险。你可以释放出更多潜力，得
到成长，而不会被困在自己的舒适区。

寻求支持

　　什么时候风险不再是风险？当每个人都支持同一个行动时，风险便不再是风险。即使行动被证明是一场灾难，也不会有人受到指责，因为每个人都错了。在你成为公认的领导者后，真正的风险才会出现。当你成功时，你会发现其他人都会跑来争夺功劳；当你失败时，你会发现无人愿意分担责任。这就是为什么真正的领导者需要勇气。如果领导者引领的方向是其他人不会独自前往的地方，那么理论上他们不是追随主流，他们将会引领潮流。这就意味着，当发展不如预期甚至出错时，他们就会暴露在所有人面前。

　　实际上，许多文化都会积极反对、阻碍这种类型的领导。一位荷兰客户最喜欢的两句格言是"出头的钉子必须被砸进去"，以及"一起出错要比一个人正确更好"。这两种说法都反映了许多公司希望全体上下保持一致的愿望。但这种想法并不总是健康的，群体的智慧与乌合之众的愚蠢的影响力总是相当的。"寻求支持"能够更好地应对合理风险和个人风险，支持越多，可预知风险的产生概率越低。一个得到支持、经过深思熟虑的想法比孤胆英雄的单独行动更容易起到作用。

掌控自己的恐惧

　　恐惧是真实存在的，如果无视恐惧，你反而会失败。面对现实，本能会促使我们做出抗争、逃跑或静止的反应。在丛林社会中，抗争、逃跑或者静止可能有效果，但在开董事会时，这些反应尽管很有喜剧效果，却不可取。

有两种方法可以帮助你掌控自己的恐惧。第一种是从最坏情况出发，承认恐惧的存在，想出最坏的结果。一个常见的核心恐惧源自社交，你没能履行承诺并取得结果，或者表现得很差，害怕让同伴和同事失望。你开始问自己，为什么会发生最坏的情况。可能是因为你在演讲中忘词，或者在报告中使用了错误的数据。一旦确定了恐惧的根源，你就可以着手解决了。例如，制作书面版演讲稿，必要时可以阅读；找到合适的专家来证实你在报告中使用的数据。很大一部分恐惧源自不确定和未知。一旦你认清和分离出恐惧的本质，你就能够应对这些恐惧。如果试图忽略，恐惧只会以更急迫的形式越来越多地出现在你的面前。生存本能会让你按下"紧急按钮"，做出疯狂举动。所以，不要无视恐惧，我们应当认可恐惧。接着采用第二种方法——这是最好情况。

"想象最好的情况"是顶尖运动员使用的标准方法，想象一下眼前状态的最好结果，调动所有感官去想象自己的角色、感受、行动和声音。也许你会想起自己成功地完成过类似工作，如当你做了什么时，你的感受和反应是什么，整体呈现出怎样的状态？从细节上想象或者回忆如何用理想的方式实现目标。这种心理演练能够让你置身在一个舒适、自信的状态中，并且明确地知道自己做什么才能成功。"想象"是为公开演讲做准备时非常有用的方法，你可以提前到场以便对位置有一个感知；排练上台时的情景；消失五分钟，在大脑中勾勒一个伟大的演讲。心里有底后，你就可以走上台发表演讲了。恐惧在这里没有任何机会去影响你。

要点梳理

你需要承担能将领导者从普通人中区分出来的风险，你需要改革，需要颠覆。

恐惧的三个主要来源

/ 合理风险：这是所有企业经常应对的风险。

/ 未知风险：被管理者视为冒险，被领导者和企业家视为机遇。

/ 个人风险：害怕失败后被人嘲笑，最优秀的领导者愿意承担这样的风险。

构建勇于行动的思维模式的六种方法

/ 通过训练变得勇敢：把未知变得熟悉。

/ 相信自己的使命：诉求越大，投入就越多。

/ 创造更大的恐惧：让不作为的风险大于行动的风险。

/ 用勇敢的方式思考：着眼于效益和成果，并思考风险。

/ 寻求支持：分担负担。

/ 掌控自己的恐惧：意识到恐惧，然后想象成功的情景。

03

第三种思维模式
坚韧不屈

　　勇于行动之后就需要坚韧不屈，因为承担风险势必意味着要另外承受一些由风险导致的挫折。最优秀的领导者会从每一次的挫折中汲取经验，让自己变得更加强大。坚韧不屈意味着要学会如何应对逆境并从中获得力量。

成长型思维：

从平凡到优秀的七种思维模式

这个人是谁？

（1）7 岁时他被迫离家，不得不开始工作；

（2）9 岁时他失去了母亲；

（3）22 岁时他的第一次创业失败了；

（4）23 岁时他丢掉了工作，未能进入法学院，还在一次竞选中
落选了；

（5）24 岁时他的第二项事业也失败了；

（6）25 岁时，他又一次输掉了竞选，并且在接下来的 20 年里
连续七次竞选失败；

（7）27 岁时，他精神崩溃，在床上躺了六个月。

经历过这么多挫折，大多数普通人如果有选择的机会，宁
愿选择回归平静的生活。可这个人并非普通人，他是亚伯拉
罕·林肯（Abraham Lincoln）。成功与失败的差别，往往就是
放弃与否这么简单。

大多数成功者都经历过一段艰难时期。温斯顿·丘吉尔
（Winston Churchill）在两次世界大战之间的 20 年里度过了现在
为众人所周知的"茫然岁月"。当 65 岁的他终于成为英国首相

时，却面临着严峻的形势，1940 年 5 月的英国，正处于战败的边缘。他把自己的坚韧传递给了每一个英国人，从而改变了历史的走向。

坚韧不屈意味着永不放弃。无论林肯还是丘吉尔都没有放弃。1941 年，丘吉尔接受邀请回到母校哈罗公学演讲。听众们满怀期待，以为首相会再一次发表辞藻华丽的演讲。丘吉尔慢慢站了起来，他看着听众说："永远、永远、永远不要放弃。"说完他便坐下了。这就是他演讲的全部内容，听众惊呆了。但丘吉尔想说的就是这些。如果丘吉尔只给你留下了"永远不要放弃"的记忆，那么仅仅这一点就足够让你变得与众不同。

我们调研的每一位领导者都谈到了坚韧不屈的重要性，缺乏韧性的人总是让他们感到失望。

- "我总能看到人们被轻易击倒。如果恐慌，就意味着这个人没有领导能力。"
- "人们总是轻言放弃。"
- "我无法忍受少数无法应对挫折的人。"
- "一个可能享受了几年成功的人会变得自大，这会令她无法应对突如其来的挫折。"

一个主题慢慢浮现出来：成功不会孕育坚韧，逆境和挫折才会孕育坚韧，而坚韧是构建成功的基础。那些连续多年享受到一系列成功的人，他们的韧性常常经不起考验。他们看起来很强大，但是在实践中一旦遇到真正的困难，他们就会崩溃。

尤其是那些被父母溺爱、没有经历过任何挫折的年轻人更是如此。这些年轻人轻松地读完高中和大学，在很多方面都取得了成功；接着，他们迎头撞上了工作，而且是很难应付的工作。在前进路上的另一端，我们总会遇到一些自以为是、骄傲自大但又脸皮薄、不能容忍一丁点不同意见或者批评的高管。

通过与领导者们交流，我们发现，坚韧不屈有两种形式：（1）应对挫折和逆境；（2）培养坚持到底的毅力。在这种思维模式中，我们将探索上述两种形式，了解如何构建能让自己坚持到底、成功应对挫折的坚韧不屈的思维模式。这一章分为四个部分：

1. 战俘的例子；
2. 领导者应对逆境指南；
3. 放慢脚步并远离危险的死角；
4. 如何构建坚韧不屈的思维模式。

战俘的例子

德国哲学家弗里德里希·尼采（Friedrich Nietzsche）写道："那些杀不死你的敌人会让你更强大。"如果你正舒舒服服地躺在沙发上，这听起来是一个很不错的想法。可如果身在纳粹集中营，或者在战争中成为战俘，会动不动遭受折磨，这句话就起不到多少安慰作用了。这些都是极端情况，但也正是在这种极端环境下，才能培养出坚韧不屈的思维模式。想象自己走进那些黑暗的世界，了解处于那种环境中的人们是如何应对逆境的，随后回到自己的世界，寻找让自己变得坚韧不屈的方法。

首先，把自己想象成在战争中被抓住的战俘，对方没有一点喜欢你的理由：你可能轰炸并杀死了他们的朋友和家人。战俘营看守的"欢迎致辞"很简单："这是一个想死很容易、想活下去很难的地方，我会告诉你们活着有多难。"参议员约翰·麦凯恩（John McCain）在战俘营的经历让人感到恐怖：到处都是威胁、隔离、殴打、折磨、饥饿，没有医疗救助，而隔离却司空见惯。

敌人想整垮战俘，从他们嘴里套取情报，或者利用战俘进行政治宣传。整垮战俘的方式之一，就是确保他们无法控制任何事情。战俘们不知道吃饭的时间，不知道吃什么，不知道什么时候可以睡觉，不知道什么时候可能会挨打。他们几乎什么都控制不了，每一天都不知道会发生什么，不知道在这种环境下要生活多少个月、多少年甚至更长……假如面对这种情况，你会如何应对？

人们在这样的环境中创造出的生存策略是培养韧性的绝佳方式，这不仅适用于战俘营，也适用于创伤不至于如此严重的工作环境。

（1）取得控制权。看守可以控制战俘的生存环境，并且试图控制他们的思想，后者才是真正的战场。所以战俘们唯一可以控制的就是自己的思想。任何一个人都不能完全控制一切，可所有人都可以控制自己对事物的反应。而战俘们掌控自身思想的基础，就是乐观、幽默的态度和社会支持。

（2）求胜的意愿。詹姆斯·斯托克代尔（James Stockdale）在战俘营度过了七年半的时间。身为高级军官的他受到了特别对待，在战俘营的生活尤其痛苦。以下是他的应对方式："我从来没有失去过信念。我不仅没有怀疑过自己会离开那里，我还相信自己会取得最终的胜利，把这段经历转变为决定人生走向的关键。回头再看，拿什么我也不愿交换那段经历。"

（3）面对残酷的现实。斯托克代尔发现，乐观主义者没能活下来。他们都希望自己能在圣诞节前被释放，或者在复活节前，或者在感恩节前……然而，随着希望一次次破灭，他们连自己都放弃了。这是众所周知的斯托克代尔悖论：你需要具备一些乐观精神才能生存（他的信念就是自己一定能活下去），但如果你太过乐观，梦想能有一个阿拉丁神灯中的精灵奇迹般地把世界变得更好，你就无法生存下去。这两种乐观主义之间的不同在于，幸存者愿意为他们的处境承担相应责任；其余的人只是单纯希望情况好转，但"希望"并不是一种具备现实意义的方法。

（4）利用幽默。面对酷刑和殴打到底有什么乐趣？什么都没有，这就是问题的关键。虽然战俘身处绝境，但仍然需要找到一丝幽默，他们可以对自己说，我没有被击败。这是对看守的反抗。

（5）建立支持网络。斯托克代尔和其他人连着几个月被单独监禁，于是他们发明了一套交流密码。通过敲打管道和墙，他们进行着交流。字母表上的每一个字母在一个想象出来的 5×5 网格上都有对应。所以敲打一次（第一行）稍作停顿后紧接着敲打四次（第四列），对应的就是字母 D。通过这种方式，他们敲出了自己想说的笑话。当然，速度非常之慢，但是那时的他们最不缺的就是时间。"有人分担，难度减半"这句老话说得一点没错。

如果存在一个比普通战俘营更糟糕的地方，那就是纳粹集中营了。在那里，无数人丧生，只有极少数人幸存下来。维克多·弗兰克（Viktor Frankl）就是极少数幸存者之一。战争前他是一名神经科医生和精神科医师。战争爆发期间，他先是在 1942 年被送到特莱西恩施塔特集中营，接着被送到奥斯维辛，又在 1944 年被送到达豪集中营的一个分营，直到 1945 年 4 月才得到解放。他不仅生存了下来，并且利用自己的精神科知识研究出了为什么有的人能够生存更长时间。

弗兰克发现，即使在最残酷的环境中，一些人仍然能够找到生存的意义和生存的欲望。他得出了一个结论："你几乎可以夺走一个人的一切，但始终有一样东西是无法剥夺的，这就是人类最后的自由——无论环境如何艰难，人类还有选择自己态度的自由。"以此思考为基础，弗兰克最终发明了一种新的心理治疗方法——意义治疗法。

当然，战俘营和集中营都是非常极端的例子。因为现在拥有这么多的自由，我们早已忘记了弗兰克的教训。终极的自由是选择如何反应、如何感受的自由。尤其是当我们身处逆境时，这一点至关重要，即我们不必感到沮丧，不必成为环境的受害者。我们可以自己做出选择，选择自己想要的感受。

作为领导者，我们需要构建一种实用的思维模式，掌握必要的技能，帮助自己应对不时出现的逆境，如遭遇危机、工作表现评估结果糟糕、错失晋升机会、合作时总会出现的各种各样的小灾难。尽管"宾大弹性计划"尝试为学生制定一种综合方法，但实际上并不存在单一宏大的理论。然而，把弗兰克、战俘、宾大计划和我们的领导者小组结合在一起，我们可以总结出一些应对挫折和逆境的实用指南。

领导者应对逆境指南

针对上述情况，领导者应该做到以下八点。

（1）控制。这里存在一个悖论，即掌控得越少，就越容易控制剩余的一切。当我们具有完全的控制权时，通常会面对过多的机会，例如，我们该向中国、印度投资还是对国内市场投资？是投资新产品还是提高现有产品生产力？做决定很难，当有 20 种选择时你很难确定哪个选择最好。形势严峻时，可用的选择就会非常少。这时，不中用的领导就会产生无能为力的感觉。如果你只能做一件事，你也必须这么做，那就是不要担心自己不能控制的事情。例如，我发现自己在日本没有任何业务，产品没有任何效力，也不存在任何销售前景，这种状态让人看不到希望。唯一的潜力就是菲律宾的一个大型啤酒集团圣米格尔。但这个潜在发展对象又极度不符合发展条件，因为我们在那里没有任何生产能力，我们的成本极高，而菲律宾又不是一个富有的国家。这意味着我们只有一个选择：把圣米格尔的商机转变成现实。这项举动拯救了这个业务。当你不能控制一切时，控制力所能及的就足够了。

（2）控制自己的情绪。一家猎头公司的 CEO 谈到了"戴上领导的面具"。他意识到，发脾气毫无意义。当你生气或者沮丧时，你的低落情绪会迅速传递给其他人，这会让整个办公室的气氛变得压抑。如果你保持积极态度，整个团队就有可能和你一样积极。情绪具有传染性，特别是领导者的情绪。事情是事情，反应是反应，仅仅是一件事不好，并不等于你必须生气或沮丧。我们在讨论第五种思维模式时将会对此进行更详细的讲解。

（3）保持积极心态。这就是斯托克代尔坚持的"获胜的意愿"。你要相信自己可以找到解决问题的方法，逆境不过是成长和学习的决定性时刻。回顾自己的职业生涯，当你有机会展现个人实力为周围的人或事带去改变时，你记忆最深、成长最快的是什么时候？是在轻松的工作环境下还是在无路可退必须突破个人极限的时候？套用狄更斯（Dickens）的话，最坏的时光通常也是最好的时光（即便这有点马后炮的意思）。

成长型思维：
从平凡到优秀的七种思维模式

最新一任 Telecity 公司的 CEO 迈克·托宾（Mike Tobin）最初做的是销售工作，对于人们的拒绝他早就习以为常。你会如何应对无休止的拒绝？以下是托宾应对每一次拒绝的方法。

"人们从不同角度看待失败。如果你是上门推销型的销售人员，你知道若是想卖出一把扫帚，平均需要敲上几百次门。所以每次有人在你面前关上了门，你应该笑得更开心，因为这意味着你距离成功更近了一个门。"

（4）吸纳正确观念。这是积极心理运动的关键，并且很有效果。以下是获取正确观念的三种方式。

- 珍惜幸福。我采访过马崔，她是一位来自蒙古的年长牧民，生活在蒙古包里。除了牧民的生活必需品外，她几乎一无所有。在采访的最后我问她，我可以为她做点什么，或者她需要什么。她看起来很惊讶。"我还需要什么？"她问道，"我拥有我需要的一切——家人、朋友和健康。"现在看看自己的生活，在你身上发生的第一件好事是什么？在温暖的床上醒来是一个好的开始……如果不把拥有的幸福当作幸福，每遇到一次挫折就大声诅咒，我们永远不能保持积极的心态。

- 知道自己所处的位置。你的处境可能很糟糕，但总有比你处境更糟糕的人。季前赛训练期间，米德塞斯板球队参观了第一次世界大战的战场和奥斯维辛集中营，他们用这种方式提醒自己有多么幸运。以我自己为例，我要去医院接受一个可怕的手术，我很害怕。我在医院看到了其他病人，很多人的情况比我更糟糕。当意识到自己过于矫情后，我感觉自己头顶的乌

云瞬间消失了。同样，曾经接近死亡的作家克莱夫·詹姆斯
（Clive James）说过："如果你在医院停留足够长的时间，你看
到的一些事会提醒你，你有多么幸运。"正确的观念有助于实
现目标。

⊙ 想象最好的和最坏的结果。很有可能出现的情况是，即使出现
最坏结果，你也能活着看到太阳再次升起。充满自信地运用自
己的知识，你就能生存下去。现在想象一下最好的结果，为了
得到最好的结果你需要做些什么？动手实践吧。

（5）借鉴经验。你可以从两方面借鉴经验，即自己的经验
和他人的经验。借鉴经验可以帮助我们形成正确的观念，同
样，你可以了解到在目前的环境中，哪些方法能起到作用，哪
些方法没用。参加本书调研的领导者们谈论各种各样的灾难事
件时都很有激情，他们所依靠的就是经验储备。面对挑战时，
你可以问自己一些简单的问题。

⊙ 我曾经在哪儿遇到过类似情况？哪些做法有用？哪些没用？

⊙ 我是否见过别人处理这样的问题？他们成功了还是失败了？我
可以从中学到些什么？

⊙ 在这种情况下，我的导师／榜样会怎么做？

（6）运用幽默。幽默是保持正确观念的一个好方法。在
Teach First 项目中，我们创建了"一团糟俱乐部"。我们会邀请
一些声名显赫的商务人士谈论他们的事业，但他们不会像平常
那样做程式化的宣传，我们要求他们谈论的是职业生涯中经历

的最大挫败。很快我们就发现，每一个辉煌的事业背后都经历过灾难性的失败。因为我犯过很多错误，所以我觉得自己就是"一团糟俱乐部"的终生会员。下一次成为错误的核心人物时，你可以用"成为一团糟俱乐部正式会员"这种说法安慰自己。如果没有效果，那就寻找其他方法，被取笑了的不幸，就像被拔掉了毒牙的毒蛇，要让自己在不幸面前保持乐观心态。

（7）培养适应能力。蝉联多年"世界重量级拳王"的迈克·泰森（Mike Tyson）说过："每个人都有计划，直到他们被一拳打中下巴。"最优秀的领导者尽管始终关注最终目标，但是对实现目标的方法，他们都会保持完全开放的心态。你不能驾着船一头扎进风里，你需要调整风帆、改变航向、适应风向，这样才能正确前行。

（8）寻求帮助。电影里的孤胆英雄经常拯救世界。可回到现实世界，孤胆英雄很快就会变成死去的英雄。不要想着独力扛起整个世界，你必须寻求外界的帮助和建议。作为人生教练，我见过很多承受了过重负担的客户。与我交流后他们发现，我并没有立刻解决问题的魔法箱；相反，仅仅交流谈话的行为就可以帮助客户确立正确的观念，寻找替代方案并创造其他选择。总有一个解决方案等待你去发掘，你甚至不需要人生教练，只需找到愿意交流的同事、朋友和家人即可。当然，你也可以建立自己的支持网络。这里有两个例子。

- *社会关怀俱乐部。社会关怀部门的创始人之一乔治·朱利*

安（George Julian）说："部门的士气确实很低……如果你
和一个在社会关怀部门工作的人结婚，你肯定不想听到他
们的抱怨或者工作上的难题。"这个俱乐部给人们提供了一
个不用打扰朋友和家人也能交流、聊天的机会。这个俱乐
部在全国拥有超过 200 名活跃的会员。

- 安东尼·威洛比（Anthony Willoughby）在日本设立了"不
  在银行工作的英国人"协会（你大概猜到了入会的两个基
  本要求）。他为可能受到孤立的外籍人士提供了发泄的渠道
  和支持网络。加入这个协会，你会喝到很多酒，参加很多
  有意思的冒险活动。

这些例子要传达的信息非常清晰：不要坐等帮助上门，那
可能会是一个漫长的等待过程。如果需要帮助，那就主动去寻
找。在这个过程中，你也会享受到很多乐趣。

伟大的领导者和成功人士呈现给我们的都是荣誉和辉煌的
职业生涯，而我们看不到闪光点、魅力和荣耀的背后是什么。
一般来说，深度挖掘之后，我们就能看到他们坚韧不屈的品
质。想要一直走在正确的轨道上，坚韧不屈就是我们所需的长
久坚持的能力，我们会在下一部分详细说明这个问题。在坚持
的过程中，我们会反复遭受挫折和失败。可能是篮球史上最伟
大球员的迈克尔·乔丹（Michael Jordan）反思自己的成功时曾
说："我在职业生涯中投丢了超过 9 000 个球；输掉了将近 300
场比赛；有 26 次机会，人们相信我，让我投绝杀球，但我却
失败了。在我的人生中，我经历了一次又一次的失败，而这就

成长型思维：
从平凡到优秀的七种思维模式

是我成功的原因。"

　　经历的挫折越多，你应对挫折的能力就会越强。你不同于那些从未遇到过挫折的人，他们的自信心非常脆弱，而你已经培养了高度的自信，能让自己度过最艰难的时期。你一定能够应对诗人吉卜林（Kipling）在《如果》这首诗里提出的挑战。

> 当周围的人失去了理智而责怪你时，
> 如果你能保持冷静；
> 当所有人都在怀疑你时，
> 如果你能相信自己……

　　我们不应逃避逆境，而是应当接纳逆境。这是我们展现自己、创造不同、被人铭记、学习、成长、培养坚韧不屈性格的好机会。我们往往对逆境中的经历有着最深刻的记忆，多年后我们仍会回忆起那些经历。当其他人后退而我们前进时，进步的自然就是我们。其他人可能偏爱舒适区带来的安全感，但他们永远不会攀登到最高峰。

　　遭遇的挫折越多，你的表现就越出色。你会找到属于自己的走过死亡谷的方法，恐惧最终也会消失。你会成为卓越的领袖，敢于走入其他人不敢涉足的禁区。

　　"直面挫折"这句话说起来容易，做起来的难度却很大。当危险迫近时，生存本能总是让我们后退。大多数人害怕失败，更害怕被同事、朋友和家人看到失败，情感打击让人难以承受。走进其他人不敢涉足的地方需要真正的勇气，幸运的是，正如我们在第二种思维模式中谈到的那样，勇气并非来自先天遗传——勇气是可以通过学习获得的。

放慢脚步并远离危险的死角

职业生涯是一场马拉松，而不是短跑。成功需要强大的耐力和毅力。2013 年环法自行车赛冠军、自行车运动员克里斯·弗鲁姆（Chris Froome）描述了自己骑行 200 千米后挑战冯杜山的场景——那是一段长达 1 600 米的爬坡赛道，通常还伴随着大风。"我不停地告诉自己，'好吧，如果你觉得非常痛苦，痛苦到感觉自己再没有一丝力气，必须跳下自行车停下来时，要相信其他人也会感到同样痛苦。'不止对身体，这也是对精神的极大挑战。"

攀登人生顶峰的过程就像弗鲁姆冲击冯杜山一样，既是对身体的挑战，也是对精神的挑战。当周围人都停下时，你需要培养继续前进的能力——要知道亚伯拉罕·林肯也曾遭遇过数不清的挫折和失败。

有一个标准可以衡量你所面对挑战的困难程度，这个标准就是：投入 10 000 个小时，你就可以成为某一问题的专家。这个由丹尼尔·戈尔曼（Daniel Goleman）推广的理论颇有争议。"10 000 个小时"的概念最初是在 1993 年由科罗拉多大学的教授安德斯·埃里克森（Anders Ericsson）提出的。埃里克森

成长型思维：
从平凡到优秀的七种思维模式

表示，练习的质量同样重要，"10 000 个小时"也不是恒久不变的数字，你可能需要更多时间，也可能需要更少时间。其他人，例如大卫·爱普斯坦（David Epstein）指出，天赋也会起到作用。举个例子，最好的棒球击球手的视力范围达到 6 米，普通人只有 4 米。这让他们拥有巨大的优势，再多的训练也无法复制这种优势。因此，在职业篮球比赛中，我们不会看到太多矮个子球员。不过他们都认同的是，想要成为专家，需要付出巨大的努力。你必须决定，为了攀登人生高峰，你是否愿意付出努力。

最成功的领导者，例如我们访谈的那些领导人以及顶级的运动员（像弗鲁姆），从来都是动力十足、发愤图强的。他们不享受所谓的工作－生活平衡（工作即生活），他们从中获得满足感、人生意义和人生目标。这就像马斯洛所说的"自我实现"。马斯洛的基本理念是，我们都是对"需求"上瘾的人，一旦满足了基本需求（食物、水、住所），我们就会转向更高层次的需求（归属感，认可），最终寻求自我实现。用马斯洛的话说就是"发挥潜能，实现自我"，我们都在寻求发挥自己最大潜能的方法。这意味着许多领导人总是充满动力，取得一个成就只不过证明了你还有更多可挖掘的潜力。只有身临其境，你才会知道自己是否走得太远，所以和真正对"需求"上瘾的人一样，这些领导人总是在寻找下一个目标和挑战。

那么优秀领导者是如何年复一年地保持下去的呢？根据我

的采访和观察，优秀领导者拥有一系列工具和技巧。但首先，我们需要讨论两个没有得到他们证实的主题：赚钱，以及工作－生活平衡。

即便互相矛盾，但赚钱和实现工作－生活平衡都是很有吸引力的目标。赚钱可以为继续前行提供动力；工作－生活平衡能保证你拥有一份可持续的事业和生活。但这两者都不是从长远打算培养坚韧不屈性格的好方法。

赚钱

学者通常不屑于把赚钱看作动力，除非他们写出了畅销书或者热门电视剧。他们通常把金钱视作"保健因素"：用错误的方法赚钱会让人失去动力，方法正确则会起到帮助作用。现实比这种说法更微妙。钱可以买到地位，而人们永远渴望更高的地位。例如，当我们重新设计人寿保险公司销售人员的薪酬方案时，每个人都对每种产品应该分配多少奖金有着不同的观点，会谈陷入僵局。这时我们说："好吧，如果接受组合方案，我们会升级每个人的公司配车（升级幅度非常小）。"突然间，每个人都爱上了组合方案。至于这里涉及的"地位"问题，简单地说，我们的邻居通常不会讨论类似金钱一类的隐私问题，他们不知道你的收入是多少。但如果有一天你开着稍微好一点的车回家，他们就会认为你的生活过得很好。金钱和地位息息相关。

成长型思维：
从平凡到优秀的七种思维模式

在钱的问题上，人们很快就会展现出极强的竞争意愿。当投资银行里 10 个大男人争抢奖金时，既让人觉得好笑，又让人感到害怕。其实他们中的每一个人都有七位数的收入，但这并不重要。他们想的都是如何比同事做得更好，而金钱就是衡量成功的标准。在分配奖金的时候，10 个都想成为"胜出者"的人中，只有一个才是真正的胜出者。所以分配奖金的过程也就不可避免地变得异常丑陋。一个古老的笑话写道："如果不能给我涨工资，那可以给史密斯降工资吗？"说起来有些卑鄙，但我们都想超越自己的同事。

金钱也可以变成跑步机。如果成功意味着家人适应了"香槟和鱼子酱"这样的生活方式，你就很难说服他们去适应"啤酒和薯条"的生活方式。理论上说，享乐主义这台"跑步机"可以向两个方向运动，我们会逐渐习惯环境的改变，无论改变是积极的还是消极的。但是在现实中，大多数人还是更容易适应更高水平的生活。

金钱是地位的象征，具有高度竞争性，就像一台跑步机。赚钱可能算不上最高级别的使命，但它确实可以激励人们长期、努力地工作。根据我的观察，相比培养一个优秀的领导者，金钱更容易让人们拥有一份好的事业。优秀的领导者初出茅庐时，赚钱并不是他们的动力：运动员希望青史留名，政治家想改变世界，企业家希望看到自己的理念行之有效。他们也许在未来能够积累更多的财富，但在最初，赚钱并非这些人的动力。

如果你想要的是金钱，当然没问题。可你要知道，除非知道多少是"足够"，钱是永远赚不够的。这就意味着你踏上了一台跑步机，距离"足够""满足"和"自我实现"永远只差一次加薪。知道自己到底想要什么，你就会找到它。

追求工作和生活的平衡

现在距离你上一次听到工作－生活平衡方面的大师提倡多工作过去了多久？工作－生活平衡已经成了找借口少工作的委婉说法。这个结果让人感到惊讶，因为证据显示，我们不仅是人类历史上最富有的一代，而且也是最懒惰的一代。维克森林大学的罗伯特·威尔普斯（Robert Whalples）的研究表明，全职员工每周平均工作时间（计入休假、病假和加班）已经由工业革命时期达到顶峰的 65~70 小时，降到了现在的每周 35~40 小时。

当然，平均数无法反映出个体差异。为了实现目标，成功领导者的工作时间一般更长。即便如此，你可能也想问自己，上一次在周日早上八点被堵在上班早高峰的车流中是什么时候？上个月参加了多少次晚上六点开始的会议？

我们是否在更加努力地工作，这是一个见仁见智的问题，但我们肯定觉得自己一天 24 个小时、一周 7 天都在工作。导致这种问题出现的部分原因在于，我们很难把生活的各个部分分割开来。过去，一个人的公文包里可能只装着一个三明治和一张字谜（这个人几乎可以确定为男性），在离开办公室的同时，他也相当于放下了工作。现在，我们"骄傲地"戴着E-mail 和手机这些电子镣铐，必须做到随时随地处理任何工作上的问题，我们好像从未离开过办公室一样。

本书调研的领导者都对工作－生活平衡问题表现出一定担忧，他们并不担心这对自己的影响，而是担心工作－生活平衡问题对家人的影响。对最优秀的领导者来说，工作－生活平衡这个问题不是"怎么才能做更少的工作"，而是"在不毁掉家庭幸福的前提下我能多做多少"。只有当不喜欢工作时，你才会想方设法避免工作，而卓越领导者都十分享受自己的工作。

如果你在为工作－生活平衡问题而困扰，可以问自己这些问题："我真的喜欢自己的工作吗？""我能找到更好的办法将工作和生活区分开，从而给自己留出更多休息时间吗？"如果两个问题的答案都是否定的，你要么咨询一个工作－生活平衡方面的大师，要么换一份工作。

如何构建坚韧不屈的思维模式

以下是我们提出的长期培养坚韧不屈的性格的五种方法。

享受自己的工作

工作本应是严肃的，而"领导"这份工作常常显得更为严肃，由严肃的人做出严肃的决定，从而得到严肃的结果。听了CEO们的演讲你就会发现，他们都很严肃。可私下里，他们喜欢抱怨工作的艰辛、长时间的出差以及身处高位的孤独。其实他们爱死了这种感觉，他们热爱工作的每一个瞬间。退休生活在他们看来就是人间地狱。他们想一直工作下去，不想被人遗忘，始终希望自己能改变世界。

只有喜欢，你才能做到最好；想要做到最好，你需要付出大量的时间和精力。归根结底，如果不喜欢，你就不可能付出额外的精力。出于责任心，我们可以在几个月的时间里多付出些努力，可若是要坚持几年，那需要的就不只是责任心了。

优秀领导者均热衷于自己的工作。其中一些人明确表示，他们喜欢大多数普通人痛恨的东西。

- 面对一场在55 000人面前对手跃跃欲试准备击败你的表演，你会紧张吗？大卫·索尔（David Sole）的回答是："我希望享受每一个瞬间。"
- 你认为追踪一个中非军阀的风险有多大？"有些人被迫冒险，而我喜欢。"威尔这样回答。
- 如何看待互联网经济泡沫破裂可能带来的损害？"就是在那时，我意识到自己喜欢商业世界。"沙拉斯·吉万回答。

　　并不是所有人都会享受这样的生活，而这正是关键所在。喜欢什么应该完全由自己决定，世界上并不存在同一标准。找到自己喜欢做的事，这才是最重要的。只有这样，你才能坚持下去。

发掘自己的使命

　　我们生活在一个愤世嫉俗的时代。点开任何一条新闻下的评论，你都能看到各种冷嘲热讽，看到只想发泄心中怒气的人。生活在这样一个愤世嫉俗的世界中，我们很难相信真的有人信仰道德目标。但世界上很多成功的机构，都建立在道德目标的基础之上。天主教会已经存续了差不多 2 000 年，比任何一家企业存在的时间都长，而且在全世界仍然拥有超过 10 亿教徒；收入不高的军人们时刻做好了牺牲生命的准备；Teach First 项目只能为最优秀的毕业生提供中等水平的收入，却要让他们前往最困难、最有挑战性的环境中工作。

　　如果拥有更重要的使命，人们愿意为其付出一切，甚至自己的生命。道德目标能够激发雄心壮志。例如，我们设立了 STIR 教育机构，试图寻找有效的教育创新点，同时打造了"教师带来改变"的运动。我们首先在印度德里进行了试点，效果很好。接下来呢？ UNESCO 发现，在全世界 2.5 亿所小学里，孩子们虽然身在学校，可实际上并没有在学习。第二年，我们的试点项目推广到了印度北方邦的 18 万所学校，对于一个年轻的慈善机构来说，这是一个夸张到让人无法相信的志向。但是沉默寡言的 CEO 沙拉斯·吉万却有着清晰的道德目标——如果认真对待问题，我就需要大范围地解决问题。

同样，私营部门的领导者也很清楚自己并不只是打造一家企业这么简单，他们是在构建一个成功的社区，为社会提供有价值的服务。他们总想着做到最好。

使命激发韧性

大卫·贝尔（David Bell）是纽卡斯尔的教育部门主管。他知道，若是想改善体制，就需要改变学校的领导结构。"我知道这意味着一些人（一些我非常熟悉的人）将会丢掉工作。逃避这个挑战当然很简单，但激励我的，是孩子们拥有更好人生的需求。面对困难时你会听到很多杂音，这种时候，你必须清楚地知道哪些事情更重要。"

如果不能确定自己的使命到底是什么，你就很容易做出妥协。目标明确时，即便是最艰难的挑战，你也会迎头而上。你的使命是什么呢？

取胜的意愿

胜利是好事。如果取得胜利，你的寿命就会更长。

成长型思维：
从平凡到优秀的七种思维模式

- 入选棒球名人堂的球员的寿命比未入选的球员的寿命长 10%。
- 赢得一届奥斯卡奖的人比遗憾落选的人多活 3.9 年。
- 诺贝尔奖得主比只是被提名的人的寿命长 1.4 年。

研究表明，我们不仅能从"做好工作"中得到快乐，"比别人更好"同样能给我们带来乐趣。当然，在我们取得胜利的同时，也意味着有人失败。波恩大学的大脑成像研究显示，参加调研的志愿者快乐与否，不仅取决于他们在简单测试中的结果是否出色，同样也与搭档的成绩有关，最满足的状态出现在比搭档成绩更好时（他们和搭档并不认识，都是陌生人而已）。一项针对英国 12 000 名成年人的调查结果显示，最快乐的是那些比邻居富有的人。如果你是收入水平在富裕社区只能算中等的人，你就会产生贫穷和被排斥的感觉。相对富裕比绝对富裕更重要。

把胜利作为驱动力的例子在体育活动中更为普遍。1990 年带领苏格兰队一路以黑马姿态赢得橄榄球赛冠军的大卫·科尔说过："我意识到自己不仅想穿上队服，我还想赢，所以我充满动力。不管多累，我也不愿意降低训练的标准。疲劳时继续训练，这样才能在比赛疲劳时执行战术，我永远是最后一个离开训练场的人。你必须做出榜样。"

与金钱一样，胜利也像是一台跑步机。一次胜利会带你进入下一场比赛，你会逐渐上瘾。我在为本书做调研时发现，最优秀的领导者通常在主要工作之外也能取得相当高的成就。尽管工作极为努力，但他们还是能找到时间消遣，为自己设定更高的标准。在我们调研的领导者小组中有三名 CEO 是像下面描述的这样度过闲暇时间的。

- 体育运动：全国五人制比赛冠军（硬地手球比赛）。
- 园艺：知道自己大庄园里所有植物的拉丁名。
- 音乐：组建、维系、管理一个合唱团和青年交响乐团。

所有最优秀的领导者拥有的共同特质，就是取得胜利、成为最佳的意愿。他们用这样的意志投入到履行组织的使命中，毫无疑问，他们都想以领导者的身份完成使命。

寻找取胜的意愿

姐姐和我在我 12 岁那年开始工作。那是真正的工作，每天晚上、每个周末都要干活。从 14 岁开始，我们必须向家里缴纳生活费。16 岁那年，除了两个 0 级（普通水平）测试，我没能通过其他考试。

我妈妈的脾气非常糟糕，她总是控制不住自己，经常动手打人。她喜欢可爱的玩具——但只能她玩，不是给我们的。父母从没带我们去过任何地方，所以在 15 岁那年，姐姐和我攒钱买了一辆小摩托车，这辆小车可以载我们去任何地方。我妈妈一直在收集绿盾邮票，积攒到足够数量后，她会让我用邮票换回一只大毛绒玩具狗。在我骑着摩托车把玩具带回家的路上我想到，0级测试就像绿盾邮票，它能让你去任何想去的地方。所以我决定返回学校，通过0级和A级（甲级）测试。那时候我在特拉斯特豪思弗特公司的餐厅当学徒，我的工作就是把莓果放到葡萄柚上，我不想一辈子都干这种工作。

我必须说服父亲，他只想让我给家里赚钱；我得说服我的文盲母亲，告诉她0级测试和A级测试是什么；我还得说服学校，让他们同意接收我返回学校念书，尽管我的成绩奇烂无比。

当我终于进入音乐学院时，我只有一套换洗的衣服和一套睡衣。我甚至连一个像样的手提箱都没有。父亲同意我离开，仅仅因为他有一个女朋友在那附近生活。父亲把我送到学校后，我听到一位母亲对她的女儿说，不要和像我这样的人扯上关系，因为我的口音很重。我的坚韧也正来源于此。

如果不会输，那么每个人都愿意竞争。当我们都认为自己能赢时，取胜的历程会变得很艰辛。毕业生一窝蜂地加入大型咨询公司，坚信自己能力出众、早晚有一天能够成为合伙人，这就是典型的例子。他们当然很出色，但概率显示的却是另一种结果。按照公司发展速度及成为合伙人的快慢，一般来说，进入最高层的概率不过只有 8%~20%。换一个角度看，至少有 80%~90% 的人会掉队，这表明了竞争的激烈性，这对雇佣者来说当然是好事，即每一名雇员都力图比别人做得更好。但是对雇员来说，这却是相当无情的结果。如果真的想竞争，你需要做到下面几点：

- 知道自己想赢的是什么；
- 知道取胜的概率，了解竞争环境；
- 做好付出努力的准备；
- 承担风险，让自己前进；
- 机会出现时，把握住机会。

应对重压

压力过大是真实存在的，是我们不得不面对的现实。了解重压到底是什么、什么不算压力，这当然有助于我们做出应对。重压这种状态，关键不在压力。回想一下你自己的经历，到底是在平静而轻松的环境下，还是在感受到压力的环境下，你才能表现出最佳状态？大多数人都能在承受压力时表现出良好的状态。

压力和重压的区别在于"掌控力"。承受压力的同时能够掌控局面，我们就能发挥出良好的水平；承受压力、无法掌控局面，生活就会变得无比艰难。我们都遇到过不能更改的最后期限，我们必须在最后期限前拿出工作成果。然而在有些我们不得不请他人协助才能完成工作的时候，其他人可能连自己承担的部分都无法按时提交，或者提交的成果不符合标准，甚至完全没有完成他们应做的部分。突然间，我们的"压力值"飙升到了最高级别。

应对重压的一种方法，就是掌控局面。CEO 压力过大的情况少于中层管理人员，这个结果并不意外，CEO 比中层管理人员更懂得掌控自己的命运。一项针对猴子的研究显示，处于中层地位的猴子比处于顶层和底层的猴子承受了更多的压力，这种结果理论上也适用于工作场所。如果不能掌控一切，那么控制自己能控制的便足够了。

我们的领导者是如何应对重压的呢？以下是几种掌控周围局势、掌控人生的方法。

- "我永远有 A 计划、B 计划和 C 计划。"这是一名校长掌控局势的有效方法，她知道无论面对任何情况，她都有解决方案。这个简单的方法可以应用到任何会议情境以及日常生活中，如果 A 计划不成功，备用计划如何？
- "我有一个快乐小窝。"事实证明，这个 CEO 有两个快乐小窝：第一个是他的大脑，当遇到困难时，他会回忆快乐时光让自己平静下来；他的另一个"安全地带"就是家，他绝不会把工作带回家里。面对最极端的情况，他说："回家后大哭一场，我就会好很多。"

- "我知道如何放松。"很多领导者在工作之外有着非常活跃、不同寻常的生活，例如复原古董车。
- "我爬山。"一位企业家说，他把重压和高山反应联系在了一起。"我会变更工作的强度。假如我知道某个月工作量太大，我会保证下个月让自己轻松一些。"

人们在重压下的典型表现包括易怒、酗酒、失眠，以及注意力不集中和持续的焦虑。了解这些现象并做出应对很有必要，应对的方法包括咨询医生。每隔一段时间，我们都会遇到压力过大的情况，而长期压力过大绝非成功之道。

保持健康

大多数媒体刻画的超级英雄通常都有着超级健美的身材，但你不需要拥有超级好的身材也能取得成功。丘吉尔在 1940 年成为首相时已接近 65 岁，他还是个体重超重的大酒鬼。大多数欧洲历史的创造者都曾经酗酒或者生活在痛苦之中。由于水不干净，而酒精能够杀死细菌，所以人们总是喝啤酒或葡萄酒。再加上医疗水平低下、缺少牙科护理，大多数人可能终日都处在忍受疼痛的状态中。但这并没有阻止一批天才的出现——有好人、有伟人、有疯子，也有坏人。不需要接受铁人三项训练，你也能成为优秀的领导者。

不过有一种生理健康却出人意料地重要：睡眠。想象一个情景：早晨走进办公室，你看到两个同事，一个喝醉了，另外

一个熬夜工作了一宿。你的反应会是什么？你会炒掉喝醉的家
伙、奖励熬夜的英雄吗？假如今天你要参加一个重要的会议，
你会带哪个人一起去？

答案是两个人都不能带。睡眠不足和酒精都会损害决断能
力，延长反应时间。威廉姆森（Williamson）和弗莱尔（Fryer）
的对照研究显示，仅仅 17~19 个小时不睡觉，一个普通人的认
知和运动能力就与血液酒精含量达到 0.1% 的中度醉酒者等同。
美国运输部门的一项研究表明，疲劳会导致驾驶表现直线下滑。
他们估算，疲劳驾驶导致了 1 544 起本不该出现的死亡事故。

并不是所有人每天都需要睡够 8 个小时。但不要相信伟人
们所说的他们每天只需要睡 2~3 个小时的宣传。传说丘吉尔就
睡这么少的时间，但这忽略了他的午睡（他会换上睡衣午睡）
和他白天经常性的小瞌睡。

好好睡觉。

要点梳理

所谓坚韧不屈，指的是无论面对短期还是长期的挫败，
永不放弃。最优秀的领导者勇于冒险，他们会遭遇挫折，但
也会拥有坚韧不屈的性格。

战俘的例子

/ 取得控制权：你能控制得越少，你就越该控制余下能

控制的一切。

/ 求胜的意愿：在大脑中构想最终的胜利。

/ 面对残酷的现实：面对现实，而不是只沉醉于美好的
  幻想。

/ 利用幽默：笑声是最好的良药。

/ 建立支持网络。

领导者应对逆境指南

/ 控制：不要担心自己不能控制的事情。

/ 控制自己的情绪：如何应对及感受，控制权在你自己。

/ 保持积极心态：把注意力集中在目标上。

/ 吸纳正确观念：珍惜幸福，思考最好和最坏的结果。

/ 借鉴经验：为了找到前进的道路，借鉴自己和他人的
  经验。

/ 运用幽默：嘲讽坏运气。

/ 培养适应能力。

/ 寻求帮助。

放慢脚步并远离危险的死角

/ 赚钱：这会成为一个不断加速的跑步机。

/ 追求工作和生活的平衡：一般来说，这是减少工作的
  借口。

如何构建坚韧不屈的思维模式

/ 享受自己的工作：你只擅长做自己喜欢的事情。

成长型思维：
从平凡到优秀的七种思维模式

／ 发掘自己的使命：使命越伟大，你就会越坚强。

／ 取胜的意愿：战胜别人当然很好，但危险在于，失败
自然让人痛苦。

／ 应对重压：找到掌控方法。

／ 保持健康：好好睡觉。

04

第四种思维模式
积极乐观

　　积极乐观的思维模式的核心是要创造能量、专注未来，把别人看作问题的事情转变为自己的机会，使自己成为其他人愿意追随的领导。积极乐观的思维模式与厌恶风险的思维模式恰好相反，它能让你活得更长久。通过一些简单的方法养成简单的习惯，人人都可以拥有积极乐观的思维模式。

积极乐观不仅能拯救你的事业，还可能挽救你的生命。越来越多的研究表明，积极乐观的心态有助于人们更加长寿，获得更高质量的生活。一项针对领导者的研究显示，积极乐观的态度是成功者思维模式的核心组成部分。

本章分为三个部分：

1. 乐观主义者更长寿，生活质量更高；
2. 为什么积极乐观的领导方式更有效；
3. 如何构建和运用积极乐观的思维模式。

乐观主义者更长寿，生活质量更高

研究表明，对周围一切抱有敌意的愤世嫉俗者更容易出现压力过大的状态，他们会面对更多冲突，从工作中得到的满足感更少，对工作关系也抱有负面的态度。但糟糕的情况不止于此，更深层次的研究表明，抱有敌意的愤世嫉俗者更容易患上痴呆症。不过愤世嫉俗者至少能从痛苦中解脱，因为他们大概比我们死得更早。别的不说，当你下次再面对办公室坏脾气的人时，这个知识也许能起到一点作用。你可以利用研究人员设计的问题测试一下自己愤世嫉俗的程度。

以下两个说法，你的认同度有多高呢？

- 为了成功，大多数人都会撒谎；
- 不相信任何人更为安全。

如果不同意上述观点，你也许有点天真，但你会比那些"现实主义者"活得更长、更好。与愤世嫉俗者相反，乐观主义者生活得更好。当情况变得糟糕时，乐观主义者尤其能发挥出最佳状态，乐观的他们能够看到出路，也相信自己能走出困难局面。用学术一点的话说："当遭遇重大挫折，或者重要的人生目标受到倾轧时，乐观主义者突破重围的成功率远高于悲观主义者。"无论是工作还是生活，乐观主义者都会有更好的表现。

乐趣，抑或责任

修女向我们展示了应该如何生活。她们是最理想的研究对象，因为绝大多数变量在她们的生活中并不存在，她们的食谱不变，每天做着同样的事，享受着一样的医疗服务，拥有着同一种信仰和生活方式。在成为修女前，她们必须写下一封信，说明自己为什么想成为修女。有人写她们受到了天主的召唤，写到了信仰和责任。我们可以称她们为"责任"修女。与之相对，有些人写到自己很幸运、很高兴获得了成为修女的机会，她们非常期待成为修女，这一类可以称为"乐趣"修女。

几十年后，研究者观察了这些修女的状态。以85岁为界限，90%的"乐趣"修女仍然在世，相比之下，只有34%的"责任"修女在世。94岁时，54%的"乐趣"修女仍然在享受生活，只有11%的"责任"修女在世。平均下来，两组修女的寿命相差9.4年。

为什么积极乐观的领导方式更有效

我们先从一个你应当避免的练习开始。按照以下的要求列出一份清单：

（1）你的领导或领导们犯过的错误；

（2）同事的失败；

（3）你遇到过的难题，以及在重要的行动中可能会遇到的麻烦。

估计这个练习做到一半你就会放弃，要么喝一杯、要么吃块奶油蛋糕安慰自己，因为除了放弃，你没有其他更好的选择，因为消极的思维不是好领导的思维模式。

现在回想一下你遇到过的最积极和最消极的领导，你更愿意与哪一位再合作一次？积极乐观的领导方式之所以有效，至少有六个方面的原因，采用这种领导方式，你可以实现下面的目标：

（1）将危机转变为机遇；

（2）让团队成员拥有信念，更好地激励他们；

（3）把握全新、更大的机遇；

（4）获得支持；

（5）表现得更好；

（6）获得好运。

积极乐观的态度，这听起来像庸医在狂野的美国西部销售的万能药水，从风湿到爱情生活，包治百病。区别在于，积极乐观的心态是免费的，而且确实有效。我们将会依次探索它对我们每一个方面的影响。

将危机转变为机遇

积极乐观的领导方式，其核心就是懂得展望未来，向着可能的最好结果努力。这听起来理所当然——难道所有人不都是这样做的吗？回想一下自己所在的组织出错时的情形，想想有多少人悄悄地把指责转移给了别人？这恰恰是积极乐观领导方式的对立面。

成长型思维：
从平凡到优秀的七种思维模式

你可以把自己想象成环境恶劣地区的一所大型学校的校长。有一天，纵火犯烧毁了学校的一栋教学楼。幸运的是，没有人受伤。你的反应会是什么？以下是那位校长的反应："这是因祸得福。我们正迫切地需要新的教学设施，有了这些保险金，我们就能建造一幢能够满足需求的教学楼了。"那位校长没有沉浸在过去，也没有愤怒，而是向前探索更好的新世界。

让团队成员拥有信念，更好地激励他们

在 1940 年到 1941 年这段黑暗时期，英国几乎是孤立无援地在对抗具有压倒性优势的纳粹德国。很多政界要人，例如哈利法克斯（Halifax）勋爵，已经放弃并且做好了向希特勒妥协的准备。丘吉尔却不这么认为。政府中的一些人会说："情况可能很糟糕，但这不是我的错，我说过会出现这种情况……"但丘吉尔不会这么说，因为英国需要的不是发牢骚、找借口。相反，他发表了振奋人心的演说："人类历史上从未有过一次在兵力如此悬殊的情况下进行的战斗……我们要在海岸上与他们战斗……我们绝不投降……除了鲜血、辛苦、泪水和汗水，我所能奉献的别无他物。"丘吉尔让所有人坚信，我们会战斗到底，会取得最终的胜利。怀疑他的人只能在角落里小声抱怨。

人们喜欢追随积极乐观的领导者，而不愿意跟随消极的领导者。

创造全新、更大的机遇

消极的人不会自愿提供大胆、新颖的想法。如果想成为变革型的领导者，你需要有大胆的想法，需要有支撑这些想法的自信。

作为领导者，沙拉斯·吉万决定建立一个解决全球弱势群体教育问题的慈善机构。如果他遵循常规思路，那么这项事业还没开始他就会放弃。用他的话说："当我把想法告诉其他人时，他们都说，'你这是妄想。'某种程度上他们是对的，但作为社会企业家，你需要疯狂地妄想，这样才能按照自己的想法改变世界。"

所有领导者都需要积极乐观的思维模式，忽略质疑者和诽谤者的指责。想法越大胆，质疑者就会越多。史蒂夫·芒比（Steve Mumby）曾说："犬儒主义就像组织里的癌症，它会扩散、会杀人。"连你都不相信自己，其他人也不会相信你。作为领导者，你必须消除犬儒主义，为他人带去激情、活力和兴奋感。

获得支持

没有追随者的领导，不能算作真正的领导。即便有追随者，如果换一份工作，还有多少人愿意追随你？最优秀的领导者不需要依赖团队的人员分配体制，他们能够吸引并留住优秀的人才。

　　研究表明，乐观主义者拥有吸引他人的能力。只有 3% 的人会被悲观主义者吸引，并且前提是悲观主义者需要具备黑色幽默感；50% 的人都对乐观主义者表现出了明显的偏爱。最优秀的领导者不仅自己心怀希望，而且会给其他人带去希望，追随者也愿意带着希望生活。和愤世嫉俗的状态一样，积极的态度和乐观主义精神也具有传染性。作为领导者，你的心情会反射到团队中，为什么团队成员脾气暴躁、态度消极，照照镜子你就知道了。

表现得更好

　　我们很难对比不同管理人员的表现，原因在于他们角色各异，承担的责任差别很大。然而，销售团队是比较理想的对比对象，因为他们每个人都做着相同的工作，我们可以以销售数据为标准衡量他们的工作表现。

　　马丁·塞利格曼（Martin Seligman）主持了一项"乐观对销售的影响"的研究。在三年的时间里，他跟踪调查了 15 000 名新加入大都会人寿保险公司的销售人员。这些销售人员需要接受两个测试：一个是大都会人寿的标准筛选测试；另一个是塞利格曼关于乐观主义的测试。测试结果令人震惊：

　　（1）测试者中最乐观的 10% 比最悲观的 10% 的销售额多出
　　　　 88%；

（2）乐观主义精神排在前 50% 的人比排在后 50% 的销售额多
出 37%；

（3）没能通过大都会人寿的筛选测试，但是被认定为高度乐观
主义的人，比通过了测试但是悲观的人的销售额多出 57%。

　　塞利格曼在其他地方的销售团队的实验中也得到了类似结
果。他在 1995 年的跨行业研究中发现，乐观主义者比悲观主
义者完成的销售额高出 20%~40%，最乐观的房地产经纪人的
业绩是持悲观态度同行的七倍之多。

　　当然，销售可能是最适合乐观主义者的行业，但大多数管
理人员，甚至是 CEO 们，最终也会成为销售人员。他们的任
务是向同事和股东推销新的创意，说服其他人支持自己，利用
影响力来调整议程，率先完成自己的优先事项。塞利格曼的研
究结果表明，乐观主义者在这方面比悲观主义者做得更好。

　　我们想传达的简单信息是，预测一个人的表现时，乐观精
神是一个比技能更重要的标准。招聘时，这是很重要的因素。
大都会人寿每年会招聘 5 000 名员工，在开始两年的培训和聘
用期内，公司需要在每名员工身上花费 30 000 美元。比起乐观
精神，技能的培训相对简单，因为几乎没有公司能培训出积极
乐观的态度，这也正是乐观精神重要性的体现。本书的下一部
分就会告诉你，如何训练自己随时用积极的方式思考与行动。

获得好运

理查德·威斯曼（Richard Wiseman）教授对"运气"进行过研究。他发现了一位出奇幸运的女士。她经常赢得免费的度假机会、汽车、比赛和现金。让她运气如此好的原因是她平均每周参加 100 多项比赛。参加的比赛越多，她就越熟悉"为什么谜题不超过 12 个字最好"这类经典的问题。归根结底，好运可以归结为四个 P。

（1）坚持不懈（Persistence）。尝试的次数越多，你就越有可能成功。带领苏格兰取得独立的罗伯特一世，最初曾惨败于英格兰军队。逃走后他藏身于一个山洞中，后世一个广为流传的故事就发生在那里。他看到了一只蜘蛛反复尝试织网。"尝试、尝试、再尝试。"这成了他的座右铭。他贯彻了这一理念，最终于 1314 年在班诺克本取得了对英格兰的决定性胜利。

（2）训练（Practice）。高尔夫球手阿诺德·帕尔默（Arnold Palmer）的座右铭是"训练得越刻苦，我就越幸运"。这种说法同样得到了诸如加里·普莱耶（Gary Player）、汤姆·沃特森（Tom Watson）和其他高尔夫球手的认同。这是一个流行且有价值的说法。通过训练，可以把原本五五开的机会变成七三开，把原本只有七成的希望提高到九成。换句话说，训练能够把运气转变成有助于实现希望的技能。

（3）准备（Preparation）。如果没有做好抓住一切机会的准备，你当然什么机会也抓不住。举个例子，一位小学校长和一位银行赞助商共进晚餐，校长已经做好了针对最近糟糕的业绩进行解释的准备，而赞助商则准备向校长提供一份很不错的银行工作。在餐桌上，这位校长只停留在了对学校出现糟糕状况原因的解释上，这时另一位一起吃饭的人轻轻推了她一下，说道："我觉得他刚刚给了你一份工作。"这位校长立刻陷入恐慌，意识到她可能刚刚错过了一个很好的机会。幸运的是，吃甜点的时候赞助商又提出了工作邀请。这一次，校长认真听完了对方的话，及时接受了邀请。

（4）远见（Perspective）。把今天遇到的所有糟糕事件列一个清单，例如等了多少红灯？哪个新闻让你感到愤慨？同事因为什么激怒了你？面对这些，你会觉得自己幸运吗？我认为不会。再把今天遇到的好事列一个清单，从早上在漂亮的房子里那温暖的床上被闹钟叫醒的一刻开始。希望这个方法能让你感到更幸运一些。威斯曼的研究表明，幸运的人并不一定比大多数人运气更好，他们只是认为自己运气更好。

如何构建积极乐观的思维模式

有一次我住进了一家酒店，前台的心情明显很糟糕，把房间钥匙塞到我手上后，她似乎突然想起了公司的培训（要求她对工作保持积极和热情），所以她突然说了一句"祝你一天过得愉快"（尽管她很有可能想的是"快点下地狱吧"）。如果只是流于表面地让人保持积极乐观的态度，就像让人快乐、充满热情、拥有智慧和魅力一样，一点用处都没有。

同样，如果你的座右铭是"不要担忧，要快乐"，你可能最终会沦落到坐在佛蒙特州的一个帐篷里，用小锅煮野菜吃的境地。如果是 8 月晴朗的天气，这当然很惬意，可若是赶在 2 月份连续 14 天的暴风雪后，那就非常痛苦了。积极的思维模式并不只是开心和快乐——这种思维模式同样需要物质和力量的支持。

那么积极乐观的思维模式到底是什么样的？ Teaching Leaders 项目的 CEO 詹姆斯·图普（James Toop）表示："每天起床后，你应该像过圣诞节一样保持一种积极、热情和兴奋的状态。你一定要真正关心自己正在做的事情。"到底怎样才能培养出这样的思维模式呢？

构建积极乐观思维模式的最重要的方法，就是选择自己的想法。这听起来很奇怪，因为我们一直认为自己的想法都是自己选择的。但事实并非如此，我们都会自我暗示，而自我暗示需要训练，这样才能让这种方法帮助到我们，而不是阻碍我们。佛教的冥想是一种方法，可那需要花费一生的精力去掌握其精髓。承受巨大压力的领导者需要一些能够快速掌握，并且具有实用性的方法。

大部分自我暗示会在特定时间或人们面对特定事件时自然产生。如果有人对你大喊大叫，你自然会觉得自己受到了威胁，感到烦躁和沮丧。也许这种反应是自然的，但是没有法律要求你必须拥有这样的感受，这是你自己的选择。如果一个同事让你失望，你有权感到愤怒和沮丧。但是，同样没有法律规定你必须感到愤怒和沮丧，这是你自己的选择。

选择和调节自己的想法，应努力做到以下三点：

（1）承认自己有选择权；

（2）质疑自己的想法；

（3）模仿自己的榜样。

承认自己有选择权

你可以在工作场所尝试这种练习。每当脑海中出现负面的想法时，你需要提高警惕，并且在心理上亮出一个大大的红牌，把这种想法挤压到思维的边缘。你可以在手腕上戴个橡胶腕带，加深印象。每次出现负面想法时，你就拉起腕带再把它弹回到手腕上，小小的刺痛会逐渐让你把负面想法和坏结果联系在一起。一个小时后，你可能会发现自己的手腕酸疼不已。

质疑自己的想法

自我暗示可能成为具有破坏力的非黑即白的思维，两种最典型的陷阱是：将不好的经历个人化或者普遍化。听到下面这些"经典"的词，你的大脑里就该亮起红灯：经常、永不、灾难、毁灭、不可能和可怕。这些词语泛化且绝对化了一件事物，这对你毫无帮助。当你的大脑开始浮现这些词语时，在它们固化并劫持你的思维前，质疑它们:

- 这经常发生吗？真的经常发生吗？你从中可以学到什么？
- 这永远都不可能实现吗？还有其他选择吗？
- 这真的破灭了吗？没有其他的手段和选择了吗？
- 这是一个毫无挽救可能的灾难吗？

第二组的警告语，会把挫折个人化:

（1）我不擅长金融事务；
（2）老板讨厌我；
（3）我从未获得过任何支持或认可。

同样，你可以用下面的方法质疑自己的想法。

（1）把"我不擅长金融事务"这种想法变成:"金融可能不是我的强项，但周围有很多专业的金融人士帮助我，因此我可以不断学习提高，成为最优秀的营销人才。"
（2）把"老板讨厌我"这种想法变成:"老板不喜欢我上次的报告是因为我交晚了，在不让她失望时，她通常都很高兴，所以我要保证下次不再让她失望。"
（3）把"我从未获得过任何支持或认可"这种想法变成:"我工作做得很好；我只是需要保证老板能更清楚地看到我的工作成果。"

两个简单的技巧能帮助你有效地质疑自己的想法。第一，要具体。质疑你的普遍化、绝对化或个人化的陈述，并思考"是否在任何条件下这些说法都是对的"。第二，问自己："我能做什么？"找到更美好的未来，知道自己需要做什么才能获得那样的未来。

谁都会遇到坏事，只不过每个人的反应会有所不同。对这些不同反应的总结归纳在了表 4-1 中。你不可能改变过去发生的事实，但你可以改变自己的应对方式。

表 4-1　悲观思维模式和乐观思维模式

悲观主义者	乐观主义者
这种事情经常发生	这是突发性事件
责怪自己，觉得自己毫无价值	能够看到外部原因
做什么都没用	我可以改变并且从中学习

模仿自己的榜样

在这里，你有两种观察问题的视角，可以问自己以下两个问题。

（1）我理想中的榜样在这种情况下会如何思考与行动？如果你的理想榜样是"穿刺王"弗拉德三世（谁让他感到不愉快就刺死谁），你可能需要再选一个榜样。你需要选择一个令你十分敬佩的导师、老板或者同事，想象他们是怎样做的。

（2）如果想成为团队的好榜样，我该如何思考、反应？作为领导者，你就像鱼缸里的金鱼，你的一举一动都在他人的注视之下。把"领导"看作一场演出，你就是主角，因为领导原本就是如此。你只需享受聚光灯的照耀，完成自己的表演。最好不要做达斯·维德（Darth Vader）或食人魔汉尼拔·莱克特（Hannibal Lecter）那样的主角。

调整心态需要时间和耐心。对于个性强硬、成就过人的杰出人士来说，这令人沮丧，因为他们总想立刻看到结果。无论是骑自行车，还是学习一项运动或一门乐器，这都需要时间，但即便稍加练习也会有很大的不同，保持下去。

构建积极乐观思维模式的其他方法

调整思维需要时间和精力，你也可以做一些其他工作，帮助自己构建积极乐观的思维模式。如果你急于取得进展，以下是一些可以迅速应用并能取得效果的方法：

（1）着眼未来；

（2）细数你的小幸福；

（3）帮助他人；

（4）采取行动；

（5）小步前进；

（6）放松，微笑。

以下是对每一种方法的详细探讨。

◆ 着眼未来

优秀的领导者都始终不渝地专注未来，并且对未来抱有乐观的态度。英国教师中心（CfBT）的 CEO 史蒂夫·芒比表示："伟大的领袖对未来都抱有巨大的希望，他们能够描绘出未来的乐观景象。他们会在脑海中创造未来，并且说服你与他们一起去实现那个未来。"正是对未来的这种态度推动着他们，帮助他们激励团队不断向前。一些经理"驶向"未来时总是看"后视镜"，他们总是分析报告，讨论过去发生的事情。最优秀的领导者也能做到这些，但他们会把焦点转向如何前进。

不论从长期还是短期来看，着眼未来都有着重要的作用。遇到棘手情况时，人们总是忍不住会问："哪里出错了？"最优秀的领导者会把这种问题放到后面。相反他们会问："我们下一步需要做什么？"第一个问题会引发分析、推卸责任和办公室政治斗争，而第二个则是从积极角度提出的问题，会推动人们采取行动，将整个团队团结在一起。这样一个显而易见、简单明了的问题，却经常在人们情绪激动时被忽略。

◆ 细数你的小幸福

前面讨论"运气"时，我们曾邀请你列出一天中经历的所有好事和坏事。只关注坏事会让你相信自己度过了糟糕的一天，专注美好的事物也许能让你觉得生活并没有那么糟糕。走

成长型思维：
从平凡到优秀的七种思维模式

进办公室后，即便只能抽出 30 秒，你也可以利用这一小段时间回忆一下自己经历的好事。这当然不是万能药，但是在压抑的工作环境中，这种方法能够帮助你找到一线希望。

细数小幸福

我已经习惯了每天生活在战争、饥荒、灾难、危机之中，习惯了被撒谎的政客和贪婪的商人包围。这就是我每天听着新闻起床的感觉。以这种方式开始一天的生活，感觉会很糟糕。

某次实地考察时，一觉醒来，我发现自己被卷入了两个部落的小型战争之中。经历了那种状况的我很高兴在不久后逃回了文明社会。那段时间我住在一家有着泥巴墙和瓦楞铁皮屋顶的酒店里，雨点打在屋顶上，我在一张脏兮兮而且也不怎么舒服的床上睡着了。第二天早上，我迷迷糊糊地走进了同样脏兮兮的卫生间。然而就在那时，奇迹发生了，我打开水龙头，里面居然流出了凉水（我不需要再像实地考察时那样，走五公里去附近满是鳄鱼的河边取水了）；没过多久，又出现了一个奇迹，我打开另一个水龙头，里面流出了温水（我不需要再捡柴火烧水了）。

现在回到家后，每天听着音乐起床的我都能在两分钟内重新发现两个奇迹：我能享受到自来水和热水。每天早上起床时遇到两个奇迹，再加上一些音乐，这一天就很难变成糟糕的一天。

在参加讨论时我问其他人，他们在那天遇到的第一件好事是什么。许多人都很高兴每天能在温暖的床上醒来、住在一个温馨的房子里、身边有家人相伴……剩下的一切都是额外的收获。

我们可以选择如何醒来，也可以选择自己的感受，但是无论如何，一定要做出好的选择。

◆ 帮助他人

很多研究都表明，帮助他人也是帮助自己的一个好方法。对经济学家来说，这是一个谜题，即为什么没有明显的收益，人们也会自愿付出时间去帮助他人？金钱无法衡量这种收益，这属于社会和幸福收益。帮助他人能够提高我们的自我价值感。

此外，对领导者来说，帮助他人也有两个现实的好处。

首先，这会鼓励互惠。罗伯特·西亚蒂尼（Robert Cialdini）教授证明，人类拥有强烈的"回报"需求。他举了一个个人的小例子："住在文华东方酒店时，我拿起一份信笺，信笺上没有酒店的名字，而抬头写着我的名字。他们只是送了我一份礼物，其目的并不是推销酒店。此后只要有人去香港，我就会向他们推荐这家酒店。"你不需要通过在孤儿院做志愿者来帮助别人，只需帮助自己身边的同事就可以。你也不必花上几天时间去帮助他们，即使只是开门或者拿饮料这些小事情，最终也能带来互惠。

其次，互惠对团队来说也是好的榜样。如果你花时间帮助团队成员，指导他们，支持他们，他们自然也会珍视你。你也可以成为他们管理自己团队的榜样。

◆ 采取行动

积极乐观的思维模式关注的重点是行动，而且行动还要竭尽所能。作为一位领导者，Telecity 公司的 CEO 迈克·托宾（Mike Tobin）进入了一家市值从 4 亿英镑大幅缩水到 400 万英镑的企业，企业的市值比他们在银行的 650 万英镑存款还少。他们平均每个月会花掉 250 万英镑。迈克讲了这样一个故事：

> 我闯进了董事会会议（我本来没有资格参加那个会议），告诉他们两个月后公司就要破产了。这引起了与会者们相当大的反响，我们必须扭转局面。我们把员工数从 400 人减少到 80 人，还进行了再融资，拥有了新的投资者……现在我们已经重新上市了。

你可以讨论问题，也可以解决问题。一个好的方法就是把重点放在你能做什么，或者能影响什么上面。很多事情可能不在你的控制范围内，那就放弃这些事情，不要把时间和精力浪费在自己无法控制的事情上。关注有可能实现的目标，如果只能采取一种行动（例如把员工人数从 400 人减少到 80 人），那么这就是你要去做的事情。

◆ 小步前进

有一个偶尔会出现在圣诞饼干里的老笑话（足以说明这个笑话有多糟糕）是这样的，"问：如何吃掉一头大象？答：一次吃一口。"事实上，不吃大象大概是更好的选择，但这个笑话恰恰说明了该如何应对复杂问题，那就是"一次吃一口"。

面对艰巨的任务，我们很容易产生不堪重负的感觉，特别是当面对自己不喜欢的任务时，那就更糟糕了。如果你是一个有着雄心壮志的领导者，你当然愿意挑战一个能够改变世界的艰巨任务。但谁也不想被压力压倒。

其实，解决这个问题的方法很简单，就是把大任务分解成小步骤。如果有 100 个销售电话要打，你就把注意力集中在前 5 个电话上。打完 5 个电话后，给自己一点奖励，例如喝杯咖啡、吃块饼干。

这个方法也可以应用到团队中。不要给他们分配一个艰巨的任务，坐等他们失败。坐下来和他们一起把项目分成独立的小部分，找出所有的关键步骤，好让团队成员能够自信地完成每一部分。"千里之行，始于足下。"第一步通常是最难的，作为领导者，你必须带头前进，把任务拆分至团队可以实现的不同阶段。

成长型思维：

从平凡到优秀的七种思维模式

◆ 放松，微笑

尝试做一个简单的练习：首先，试着在微笑的同时感受愤怒；然后再试着在做鬼脸的同时感受快乐。虽然有可能做到，但这些都是非常不自然的行为。想法会影响我们的举止和表情，反之亦然，举止和表情同样可以影响我们的思维和感受。

如果你做了充分的放松练习，你可能会发现现在的自己正躺在地板上。但是在紧张的董事会会议中，这种方法是无用的。幸运的是，即使在最艰难的会议中，你也能做很多事情，其他人都会注意到会议室里唯一一个冷静的人就是你。当其他人因为前所未有的压力而挣扎不堪时，你将化身为权威。

最简单的放松方法就是深呼吸、均匀地呼吸。紧张时，我们的呼吸会变得浅薄而急促，空气只会经过我们的肩部，无法真正通过肺部。健康人一般每分钟呼吸 10~12 次。试着深呼吸，让空气进入肺部，吸气时腹部膨胀，呼气时腹部收缩。把注意力集中在呼吸的几个瞬间，吸气时感受凉爽的空气通过鼻子，呼气时感受温暖的空气离开鼻子。只需要深呼吸 4~5 次，你就能感觉到紧张和压力随着呼气一起被释放出去了。科学研究的结果证明了上述说法，良好的呼吸确实可以缓解紧张和压力。

除了呼吸练习，你也可以试着放松全身的肌肉。最好的方法是从脚趾开始放松，之后一路向上。你可以悄悄地活动脚趾，没人会注意到；接着伸展小腿，慢慢地放松肩膀，伸展脖子。如果很忙，你只需要放松肩膀，然后坐直便可（没精打采

第四种思维模式
积极乐观

地坐在椅子上或趴在桌上不利于保持警惕和冷静）。

如果处在一个紧张的环境中，你要想办法改变环境。当我们紧张时，我们团队中的一位成员总有办法让我放松下来：他会邀请我去散步。出发时，我的心情总是很糟糕，而等我回来时，我都会恢复头脑清醒，之前的问题也会消失。

在美苏冷战最激烈时，这种奇特的方法让双方实现了裁军。1982 春天，尼兹（Nitze）和克维钦斯基（kvitsinski）在森林里进行了那次著名的散步。在放松的环境下，美国和苏联的谈判代表协商出了减少欧洲核导弹的框架协议。如果他们面对面坐在会议桌上谈判，身边插着国旗、身后全是后备队，他们很可能会坚持立场，会谈也就不会取得进展。

因此，方法是什么并不重要，只要行之有效就可以了。

要点梳理

积极乐观的心态能让你更加长寿，生活质量更高。作为领导者，这种思维模式会从以下方面帮助你

／ 将危机转变为机遇：着眼未来，而不是过去。

／ 让团队成员拥有信念，更好地激励他们：激发人们的希望。

／ 创造全新、更大的机遇：看到并抓住机会。

／ 获得支持：追随者想追随的是积极乐观而非消极悲观

的领导。

/ 表现得更好：乐观主义者比能力更强的悲观主义者表
现更出色。

/ 获得好运：训练、坚持不懈、耐心和远见更能帮助你
赢得胜利。

构建积极乐观的思维模式，首先在于控制自我暗示

/ 承认自己有选择权：如何感受、如何思考，这都取决
于你自己。

/ 质疑自己的想法：检查自己的每一个消极想法。

/ 模仿自己的榜样：像他们一样思考、行动。

构建积极乐观思维模式的其他方法

/ 着眼未来：不要过多地停留在过去。

/ 细数你的小幸福：专注于乌云背后的幸福，而不是乌云。

/ 帮助他人：鼓励互惠，拥有更好的自我感觉。

/ 采取行动：解决自己能控制的事情，不要担心无法控
制的事情。

/ 小步前进：把艰巨的任务分解成小步骤，每当取得进
展后便奖励自己。

/ 放松，微笑：找到适合自己的方法。

05

第五种思维模式
承担责任

　　最优秀的领导者绝不会认命做受害者。不管是好是坏，他们都会以极强的自信掌控自己的命运，而不会受工作中条条框框的限制。对于"个人感受"这个很多人难以控制的因素，他们反而会主动地承担责任。要实现这种程度的控制，我们需要改变自我暗示的方法和看待自己的态度。

成长型思维：
从平凡到优秀的七种思维模式

有一本你永远不需要读的好书，书名是《控制你的命运，否则就会被别人控制》（*Control Your Destiny or Someone Else Will*）。之所以不需要读，原因在于标题已经清晰地表达出了这本书所要传达的所有信息。如果你不掌控自己的未来，你的未来就会被别人控制。

真正有领导力的领导者都相信他们掌控着自己的命运。如果你相信自己是某个事件的受害者，你就无法把握事件的未来。每个优秀领导者都坚信，他们有责任塑造未来。很多人信奉杜鲁门总统刻在白宫办公桌上的一句话："责任止于此。"这听起来也许很老套，但他们都深信不疑。下面是一些例子。

（1）承担责任，分享荣誉。"永远不要推卸责任，如果没能完成一个领域的目标，那么我便负有设法使整个团队恢复信心的责任。对于重大事务、外部事务和消极事务，我都会负责任，但我会把成功归功于很多人。"（詹姆斯·图普，Teach First 项目 CEO）

（2）在人生的各个方面都要承担责任。"责任止于此。我不能说'我的助手没有做这个或那个'。这也适用于人生的每一方

面。"［安妮塔·斯科特（Anita Scott），Brunswick 集团合伙人］

（3）为团队撑腰。"我常常清楚地告诉员工，我是负责人，我来负责，这样会鼓励员工，因为他们知道有人会为他们撑腰。当情况变糟时，一些领导总是立刻指责别人，而最让我不满意的是他们会说出'你让我失望了'这种话。优秀的领导绝不会这样说。你必须坚持熬过困难局面，承担责任。"
［戴姆·苏·约翰（Dame Sue John），兰普顿学校校长］

（4）主动出击。"责任起始于我，我需要推动工作的顺利开展，这就是领导者的任务。"（迈克·托宾，Telecity 公司 CEO）

　　正如大部分领导者所说的，掌控自己的命运这个理念似乎显而易见。谁不想掌控自己的命运呢？尽管我们都有这个想法，但同样显而易见的是，很多人无法掌控自己的命运。我们的命运受老板、同事、所在组织的影响，竞争、金钱和技术能力最终也会决定我们的命运。

　　我们就像机器上的小齿轮，无法控制庞大机器的整体运作。从工业革命开始，这个问题便一直在发酵。在那之前，尽管会受自然、疾病、饥荒和战争这些不可预知的外力的影响，但农民在某种程度上还是可以控制自己的人生的。工厂可能避开了不可预测的自然外力，但它们同时也消除了工人的控制能力，让他们不得不依赖工厂。查理·卓别林在他 1936 年的电影《摩登时代》中就描绘了这种不幸。在电影中，他成了一个失控的流水线受害者，在不断加速的生产线上，他不得不以越

成长型思维：
从平凡到优秀的七种思维模式

来越快的速度疯狂地拧螺丝。这实际上是对"科学管理"和"泰勒主义"[①]的生动抗议。

与不断加速的生产线的暴虐相互映衬的，是维权组织的专制独裁。本质上，这是对军队制度的一种模仿。在工业革命之前，军队是已知的、大量人群结合后最有效的组织形式。一些维权组织其实是善良的，例如设立了巧克力公司的贵格教徒家庭（伯明翰的吉百利公司、约克的郎特里公司和布里斯托的弗莱公司），他们试图为员工提供良好的生活，包括住房、教育、医疗，甚至有限的福利。这本身就形成了一个迷你的福利国家。无论组织善良与否，工人本质上都会成为依附者，因为他们只有极少的个人自主权，自然不能控制自己的命运。

理论上说，我们应该进入一个更开明的时代，让员工拥有更多自主权，能够更好地控制自己的命运。在一些领域，例如专业服务（法律、咨询和医学），正在向这个方向发展；而在其他领域，员工或管理者能否真正掌握自己的命运，目前尚不明确，他们仍然是机器上的一个齿轮。

你可以尝试表 5-1 中的练习，了解自己的控制力到底有多强。对于表中所列的每一项活动，按照你对优秀领导和目前老

---

① "科学管理"是由弗雷德里克·威姆斯洛·泰勒（Frederick Wilmslow Taylor）在 19 世纪末发起的一项运动，后来受到路易斯·布兰代斯（Louis Brandeis）的大力推崇，正是后者创设了"scientific management"这一说法。泰勒在 1911 年出版的专著《科学管理》中将时间与动态、密切观察与最大化效率奉为神圣，由此导致流水线的速度不断加快。这自然遭到工人和工会的厌恶。

板的看法，分别给出高（H）、中（M）或低（L）的评级（抽时间进行每一项活动，以评估出真正的优先顺序）。如果你认为老板把很大一部分时间用在了"向上管理"上，那就在"老板"这一列填上一个"H"；如果你认为理想的领导者在这方面只花费了很少的时间，就在"理想领导者"这列填上"L"。

表 5-1　领导活动清单

活动	老板	理想领导者
1. 向上管理		
2. 检查团队工作进展		
3. 准备演讲和报告		
4. 完成表格和报告		
5. 查看电子邮件		
6. 参加日常会议		
7. 获得认可		
8. 指导团队成员		
9. 设置并明确方向、目标		
10. 进行必要的沟通		
11. 消除障碍，处理问题		
12. 为团队寻找支持和资源		
13. 招聘和保持最佳团队		
14. 分派、授权团队，让团队拥有自主权		

　　大多数管理者把大部分精力用在了表 5-1 列出的前七项活动上，他们往往尽力解决所在组织面对的问题，但没能增加太

多价值，这不是能够控制自己命运的人的做法。《摩登时代》里的卓别林只是给机器"喂食"，与卓别林一样，我们发现机器的要求越来越多。对我们来说，需要"喂食"的不是卓别林面对的生产线，而是像电子邮件、PowerPoint、Word 和手机这些东西。现实中，办公技术并没有减少工作负担，而只是提高了人们的预期。30 年前一次大型演讲可能需要由专业技术人员写出 10 页纸的讲稿，现在一个大型演讲可以是 50 张幻灯片外加附录，而且需要由我们自己完成。

表 5-1 的下半部分（第 8~14 项）是我们对优秀领导者的预期。专注这些活动的领导者有可能带来不同，他们掌控着自己的命运，不只是对机器的例行工作做出回应，而是会为所在领域制定目标，并致力于实现这个目标。

如果你足够勇敢，那就再给表 5-1 增加一列："你的时间都用到哪里了？"是用在机器流水线上，还是用在控制自己的命运上？谁都想控制自己的命运，但是对于为雇佣自己的"机器"疲于奔命的很多人来说，这是一个非常难实现的目标。

想要培养承担责任的思维模式，我们首先要了解它的内涵。我们必须找到方法培养这种思维模式，本章接下来要讨论的就是这些内容：

1. 负责型、团体型和受害者型思维；
2. 承担责任思维模式的信心信念；
3. 如何构建承担责任的思维模式。

负责型、团体型与受害者型思维

查看一下表 5-2，看看你在哪些方面比较突出。大多数在企业里工作的人理所应当地认为自己拥有团体型思维，他们专注于自己的本职工作，而且能够做好。这能带来一个运作良好的组织机构，让你拥有良好的职业生涯。这种思维方式就像 RACI 表（责任分配矩阵表），其中的每个人都知道自己该做什么。这能确保机器中的所有齿轮相互啮合，而不会互相冲突，但这同时也意味着你只是机器上的一个齿轮。

表 5-2　三种思维方式

因素	团体型思维	负责型思维	受害者型思维
控制点	你相信自己的控制力由正式的权威机构和团体框架定义	你相信自己可以掌控命运和所在环境	你相信周围的事件塑造了你，而你基本无法控制这些事件
自我效能	你专注于在责任范围内做出良好的表现	你既有信心在各种情况下表现出色，也有信心迎接能让你学习和成长的全新挑战	你倾向于避免全新、困难和具有挑战性的状况，你更喜欢扮演一个稳定、熟悉的角色

这些"齿轮"都有控制的错觉，因为他们能够控制个人范围内的一些事情。在实践中，他们依赖机器，因为他们的命运并没有完全掌握在自己手中。

最优秀的领导者能够超越机器式的团体型思维，他们力图

成长型思维：
从平凡到优秀的七种思维模式

掌控自己所在的环境，而不是被环境所控制。他们会接受新的挑战，必要时突破正式权威机构确定的界限。在前一章我们提到，迈克·托宾闯进了董事会会议，原本他并没有这个打算，但是为了挽救公司，他必须这么做。负责型思维能够塑造世界，而非被世界塑造。

与负责型思维相对的思维方式，我们可以不客气地称之为受害者型思维。受害者型思维常伴随着"习得性无助"，当出现危急情况时，我们会认为自己无法带来改变，变得越来越依赖别人，遇到挑战时会直接放弃。这种心态不只对事业有害，甚至可以杀死你。让我们了解一项测试。一家养老院的工作人员鼓励某一楼层的老年住客们尽量照顾好自己；在另一个楼层，老人们的一切都由工作人员包办。结果表明，在工作人员护理程度高的楼层，71% 的老年住客的健康状态在三周内出现恶化；而在自我护理的楼层，住客的健康状态都得到了改善。掌控力越强，你的表现就会越好。用研究者的话说就是："无助感可能会使人从心理上逃避现实、疾病和死亡。"

在大多数组织中，受害者要么被淘汰，要么被边缘化。这对组织来说当然有利，但往往也印证了受害者的世界观。真正的挑战，是摆脱舒适的团体型思维，转变为领导者拥有的负责型思维。这种思维方式以一系列信念为根基，我们将在本章对其进行详细探讨。当然，我们还可以通过一系列的方法培养承担责任的思维模式。

承担责任的思维模式的核心信念

承担责任的思维模式与我们看待世界、看待自我的核心信念密切相关。若想培养承担责任的思维模式，你需要树立以下六个信念：

（1）我要控制自己的命运；

（2）我会对发生在自己身上的事负责；

（3）我会为自己的感受负责；

（4）具有挑战性的任务是我学习和成长的机会；

（5）我要把其他人看作榜样，而非竞争对手；

（6）我有成功的能力。

你大概会认同上述信念，同时相信自己拥有这些信念。但我们会看到，许多人的思维在每一方面都差那么一点，加之现代组织生活的影响，最终还是陷入了受害者的思维陷阱。

挑战一下自己，通过下面的描述，看看你真正在哪个信念上最突出。

我要控制自己的命运

"我要控制自己的命运"，这是自我效能的核心信念。研究表明，这种信念在以下几个方面能带来健康的结果：

（1）药物依赖方面；

（2）营养、饮食和体重控制方面；

（3）体育锻炼方面；

（4）汽车安全带的使用方面；

（5）成瘾行为方面。

如果拥有较高的自我效能，相信命运掌控在自己手里，你便更有可能维持健康的饮食、按时服药；即便需要付出努力，你也相信自己在面对具有挑战性的工作时能取得成功。

各种组织机构表面上鼓励这种行为（管理层经常提到主动出击、创新、挑战和领导力的重要性），但现实却是另外一回事。回顾表 5-1，你可以考察自己一天到底做了什么。大量管理实践都被用在了服从性和常规性的工作上，例如收发和处理电子邮件。大量的报告、评估和控制实际上表明了低信任度，人们只不过从中学会了顺从、依赖他们所服务的体系。

习惯、经验和榜样的结合，是推动这种理念产生的动力。这意味着你应该做到以下三点：

（1）培养对自己而言最重要的高效流程和习惯，锻炼身体，开车系安全带，拥有能够让自己顺利完成工作的流程计划。我们都是习惯的奴隶，从现在起把习惯变成自己的优势；

（2）想办法让自己置身于成功的榜样中间，同侪压力是一种非常强大的动力，它既有可能激励你走向成功（例如设立高标准），也能促使你堕入深渊（例如药物滥用）；

（3）找到微小而简单的胜利，证明自己能够成功，思考一下你

在什么地方、什么时候，以及为什么取得了成功，以此为
基础更进一步。

我会对发生在自己身上的事负责

受害者型思维认为，我们都是这个残酷无情的世界的受害
者，这是无助的表现。最极端的状态是认为"我们什么也学不
到"，不会做出任何改变个人命运的事。

莎士比亚笔下的哈姆雷特对赫瑞修说出下面这段话时，他
就表现出了受害者型思维：

冥冥之中结果已定，
我们只能略加修改。

极端型的受害者甚至不认为他们能稍稍修改最后的结局。

承担责任的思维模式则认为，自己做出了怎样的选择和行
动，就会得到怎样的结果。如果你有一个糟糕的工作，老板也
很差劲，谁该为此负责？如果没有得到自认为应得的晋升或奖
金，谁该为此负责？

与之相反，任何不好的事情一旦发生，受害者型思维就会
进入"指责模式"，指责事件，指责他人。这里我们发现，在
许多组织里，受害者型思维就像是一种传染病。

承担责任需要极强的自信，你必须相信自己能从任何经验
中学习、成长和壮大。受害者型思维则害怕承担责任后出现任

何的负面结果，例如来自同事和上司的批评。在混乱、糟糕的组织中，对坏结果负责任会限制你事业的发展；但在大多数组织中，当领导者负起责任时，每个人似乎都能如解脱般地长舒一口气，他们不会成为替罪羊，可以继续前进了。

定义受害者

有一天加完班后，我走路回家。突然间出现了一个黑影，我的喉咙前多了一把刀，背后传来一个声音，要我交出身上所有的钱，他甚至连"请"字都没说，但如果我不听话会发生什么，他倒是说得一清二楚。

那天晚上不是打劫的好时候。看到一个穿着西服的人，他大概以为圣诞节提前到来了。穿西服的人肯定带钱包，身上肯定有钱，不是吗？可我身上只有一张 10 英镑的纸币和一些零钱。他对硬币没兴趣，于是抢走了那 10 英镑。

几小时后，坐在警察局里的我意识到自己无比幸运。我听到走廊里有人在小声议论什么可怜的受害者，后来我才逐渐意识到，他们说的就是我。我震惊了，我确实被抢了，但除了觉得自己很傻外，我从来没把自己想成是一个受害者。

虽说没人活该被抢，可大晚上穿着西服独自走在漆黑无人的小路上，实际上就是在赌运气。老天未必会眷顾你，

> 如果已经不走运了，你还能做什么让自己更不走运呢？不管怎么说，只花了 10 英镑，我就拥有了值得回忆的经历，在对自己负责的问题上好好上了一课，这笔钱花得值。

我会为自己的感受负责

我们在前面的章节中遇到过这个问题，这也是许多管理人员最难掌握的信念。如果你让自己的情绪被陌生人、同事和所发生的事件控制，感到愤怒、沮丧或者意志消沉，那你就进入了受害者的思维模式。正如我们在战俘故事中看到的那样，战俘们保留的最后的自由，就是思考以及按照自己认为合适的方式去感受的自由。如果放弃了这最后的自由，我们就会成为受害者。

最优秀的领导者明白，他们可以选择自己的感受，至少他们学会了戴"领导"的面具（这个面具代表着沉着、冷静的控制），懂得自己有选择何种感受的权利，这是获得自由和自我控制的关键第一步，你不需要受其他人和事的支配。

具有挑战性的任务是我学习和成长的机会

持有受害者心态的人面对全新和具有挑战性的工作任务时总会退缩，他们认为自己注定失败。受害者眼中任务的难度总是比实际更大。遇到阻碍时，他们更有可能放弃，不太可能从这一经历中获取什么经验。受害者型思维的本质就是"无助"。对受害者来说，挑战不是成功的契机，而是失败的风险。

拥有负责型思维的人，会将挑战看作机遇。在他们的内心深处，他们相信自己能够成功地完成任务，他们可以从任何事件中获取经验和教训，让自己变得更强大。

这一信念导致"受害者"型领导和"负责"型领导之间的差距越来越大。受害者不会尝试新挑战，所以他们既无法学习又得不到成长。因为缺乏迎接全新挑战时的成功经历，这使得他们更加畏惧新的挑战。与此同时，负责型的领导者则在不断地变强。即便应对某个挑战时遭遇了挫败，他们仍然能够学习并成长。从自身的错误中，我们能学到更多经验，即尝试得越多，我们犯的错误就越多，但学到的东西也会越多。"受害者"的学习速度无法与负责型领导者相提并论。

我要把其他人看作榜样，而非竞争对手

如何看待他人会对我们如何看待自己产生影响。很多管理者所面对的一个残酷现实是，真正的竞争对手不在市场上，而是坐在邻桌的同事，你要和他竞争有限的晋升机会、奖金、预算和管理时间。即使和同辈人竞争，拿自己和他们对比也没有任何意义。每个人都是不同的，拥有不同的优势，总会有人在某些事情上比你更有能力。对比最终会导致人们产生自卑

感，少许的自卑感实际上是健康的，用阿尔弗雷德·阿德勒（Alfred Adler）的话说就是："这更像是对健康、努力和发展有利的兴奋剂。只有当不足感占据压倒性状态、不再刺激他进行有用的活动、使他抑郁且无法发展时，这才会变成一种病理状态。"不要被其他人吓住，其他人在某些事情上可能比你更强，但你在另一些事情上会比他们更好。这适用于顶级的管理人员，正如出身麦肯锡咨询公司的 CEO 布雷特·魏道慈（Brett Wigdortz）所说的："我在麦肯锡学到的一个重要经验是，首席执行官并不伟大，他们并不知道自己在做什么，所以不要退缩，你至少和他们一样出色。"

另一种看待同伴和其他人的方法，就是将他们看作榜样，向他们学习并让自己获得提升。这也是大多数人在现实生活中培养领导能力的方式。我曾设计了一个小练习，给每一位参与者发放一张清单，上面列出了六个可能的学习来源。在学习如何领导方面，参与者必须从书籍、课程、老板（好或坏的教训）、榜样、同辈人和经验六个来源中选出两个最重要的来源。

从来没有人选择书籍或课程，对于一个开设课程的人来说，这有点尴尬。每个人都选择了直接经验或二手经验，也就是向别人学习。如果懂得学习他人，而不是对比他人评判自己，那就拥有了承担责任的思维模式。

成长型思维：
从平凡到优秀的七种思维模式

> ## 书籍和课程的意义是什么
>
> 　　如果大多数人都从直接经验和二手经验中学习如何做领导，那么书籍和课程的意义是什么？如果只从经验中学习，那么这个学习的过程就过于随机了。如果有过好的经历，遇到过优秀的上司、榜样和同辈，我们当然可以加快学习的进程，事业也会加速发展；可若是遇到了不好的经历、面对一个糟糕的上司，我们就会像是遇到了障碍，甚至会走进死胡同。对于事业管理和学习来说，随机性并不是好事。
>
> 　　没有人能在读完一本书后立刻成为出色的领导者，书籍和课程的意义在于去除"发掘"这个随机过程中的随意性，为学习过程增加一些框架性，帮助你在混乱的经历中找到一些逻辑，让你拥有一些洞察力，从而帮助你加速学习的过程，加快事业的发展。

我有成功的能力

　　每个人都有优点。我们一般认为的优点是技术能力，偶尔也包括人际交往能力。这些当然重要，也是大多数组织最为看重和认可的。但是你也会有一些标志性的优点，这些优点能够反映出你的本质。马丁·塞利格曼列出了 24 个标志性的优点，并将其划分为六个主题。

（1）智慧与知识：创造力、好奇心、判断力、爱学习、洞察力。

（2）勇气：无畏、毅力、诚实、热情。

（3）人性：爱、善良、社交能力。

（4）公正：团队合作、公平、领导力。

（5）节制：宽恕、谦虚、谨慎、自律。

（6）超越：欣赏美与卓越、感恩、希望、幽默、信仰。

你可以通过宾夕法尼亚大学积极心理学网站上的"行为价值"调查测试一下自己的标志性优点是什么。

太多的组织在培养人才上走错了方向。它们专注于弥补弱点，而不是充分利用机会。没有人能因为专注于弱点而取得成功，这就像如果一个奥运选手的天赋是举重，你不会要求他训练薄弱的花样游泳一样。强大的组织是多种技能和专业人士的组合，每个人术业有专攻，都做着符合自身特点的工作。

承担责任的思维模式要求你能认识到自己的标志性优点。接下来，你必须找到或创造能让这些优点发挥作用的环境，以此为基础，你就能够拥有更多优点。

如何构建承担责任的思维模式

责任与人格魅力不同，它并不神秘，也不是凭空出现或者DNA里自带的。与大多数事物一样，你可以通过练习培养出自己的责任感。与任何新事物一样，最初你会感到很不适应，而随着时间的推移，承担责任就会变得与呼吸一样自然。

成长型思维：
从平凡到优秀的七种思维模式

以下七种流程，能够帮助你构建承担责任的思维模式。不要一次性尝试全部方法，先试一试你觉得最合理的方法，然后用几个月的时间养成习惯；接着试一试第二种方法，以此类推……日复一日，没人会注意到你的不同，但是经过两年的时间，你就能完成蜕变。

阅读下面的每一种方法，选择一种尝试：

（1）庆祝成功，并从中学习；

（2）直面现实的残酷，并从中学习；

（3）向他人学习；

（4）展望未来；

（5）学习，不要评判；

（6）注意你的语言；

（7）选择你的反应。

有几种方法看起来很眼熟，大部分方法会出现在这本书介绍的其他思维模式的构建方法中，即它们同时也是构建其他思维模式的方法。这些都是强有力的方法，好好利用。本书在这里提供的方法会帮助你构建承担责任的思维模式。

庆祝成功，并从中学习

任何思维模式的核心都是习惯。我们的思维习惯于用特定方式做出反应。如果有上瘾行为，无论是对毒品、饮料还是其他东西上瘾，这当然都是有害的。你也可以把习惯变成优势。把重点放在积极的习惯上，会是一个好的开始。如果你想直接对抗、消除消极的习惯，你就会陷入痛苦的缠斗中，而且很难取胜；如果专注积极的习惯，消极的习惯就会逐渐被掩盖。因此，培养承担责任的思维模式并不需要以承担失败的责任为开端，而是始于为成功负起责任的积极心态。

庆祝成功不是沾沾自喜或者自我安慰，而是一种实用的技能。只需遵循两个简单的步骤，你就可以学习并成长。

第一步：回想到今天为止、本周或者本月做得好的地方。即使在一个糟糕的日子里，也要找到乌云背后的一点希望。回忆自己的成功，或者用日志记录成功，都是实现这个目标的方法。随着时间的推移，你会明白自己取得了多少成就。

第二步：以其中的一两次成功为例，问问自己做了什么才取得了成功。用这种方法，你才能真正培养出承担责任的思维模式。你会认识到，成功并非源于随机的运气，而是因为你在某方面做得好才得到的结果。一旦知道了自己为什么成功，你就可以更多地去重复成功的做法，以此为基础继续发展。知道自己的优势所在并加以利用，想办法找到能发挥优势的工作，组建一支能够弥补你的弱点的团队，这样你会发展得更快。

慢慢地，你就能学会在做完每件事后进行简单的思考，例如每次开完会后问自己，什么做得好？为什么？哪里还可以做得更好？太多时候我们只会在失败之后反思，这意味着我们永远不能学习成功的经验。学习成功能让我们更成功。

直面现实的残酷，并从中学习

　　每个人在每一天都有可能遇到挫折。出问题时，我们很容易产生推脱、拒绝的心态，认为失败是别人的过错所致，或者因为外面发生了什么事，或者因为运气太差。这是典型的受害者型思维——认为自己无法控制自己的命运。然而不管其他人令你多失望，你还是应该反思自己做了什么（或没做什么）才会造成这样的状况。

　　我在培训别人时发现，客户常常因为不可靠、懒惰、欺诈或不诚实的同事而失望甚至感到沮丧，这是非常普遍的现象。当然，他们都会认为自己是诚实、努力、忠诚而可靠的人。我们必须接受这样一个事实，即别人是不完美的，我们自己也不完美。当然，我们希望自己在别人眼中永远是积极向上的样子。如果能指导自己克服挫折，当然能加深别人对我们的印象。具体方法如下。

（1）宣泄情绪。必须把内心的不满情绪宣泄出来，你可以大声宣泄"命运的不公"。用理性处理愤怒，就像用燃料灭火，娱乐性很强，但极度危险。

（2）多问"为什么"。为什么会出错？为什么他们那样做？最开始你可能还会说出这样发泄的话："因为他们是一群爱骗人的垃圾……"这是典型的受害者型思维——把责任推给全世界。你不妨试着从其他人的角度看问题，不管怎么说，他们让你失望或者冒犯你，也肯定是有原因的，这是关键的一步。你需要认识到，是自己放任他们伤害了你，一旦明白了这一点，你就可以用积极的心态面对未来。

（3）自问。哪些事情我本可以用不同方法去做？抛开他们的不诚实，我能做什么？我是否可以寻找不同的人，得到更多的支持，更密切地追踪事情的进展、与他们更频繁地交流？

（4）尝试新方法。思考一下，下一次你会尝试什么？不要以为挥挥魔杖就能出现奇迹，你必须尝试不同的方法，找出最适合自己的那一种。每当获得一次成功，你可以立刻反思并从中学习。

实践中，大多数人并不善于从自己的成功中学习，因为我们认为成功理所应当。对出色的领导者来说，最悲惨的失败是最好的学习机会。不要遇到挫折就垂头丧气，要从中学习，利用每一次挫折，让自己变得更强大。

向他人学习

受害者思维总是倾向于评判别人。当同事让我们失望时，我们会对他们做出负面评价，这是常见情况，但这种做法毫无益处。同样无益的是评判取得成功的同事，这只会让你感到自卑和无助。

停止评判他人。相反，我们应当向他们学习。从个人经历中学习,虽然很有效果,但也非常痛苦,而且这是一个非常缓慢的过程。观察同龄人、上司和同事,这是一种更快的学习方式。一位领导曾经回忆,有一次演讲,某个人完全复制了他的语言、姿势和语调,这让他感到震惊。但随后他意识到,是自己搞错了因果关系,那时的他正在听老上司的演讲。他不知不觉地学会和模仿了老板的习惯。

你可以不加思考地向别人学习。首先,你应当让这成为一个有意识的习惯。就像从成功或挫折中学习一样,你可以准备一个学习日志;或者每天在睡觉前(或等车、坐车时)抽出五分钟,做一些结构化的反思。让我们从反思三个简单的问题开始:

(1)别人哪里做得好,哪里做得不好,我能从中学到什么?

(2)我哪里做得好,可以从中总结出什么?

(3)迎接未来挑战时,我能采取哪些不同的做法或做得更好?

你的思维一旦由评判和指责转变为学习,你就走上了成长和承担责任这条正确的道路。

展望未来

在情况变糟的关键时刻,这是一个能派上用场的关键心态。拥有受害者思维模式的人总会想方设法地推卸责任,分析哪里出错了,指责他人,为自己的行为辩解。这些做法无助于解决问题,只会让情况变得更糟。一旦有人开始责怪别人,其他人也会加入指责他人的大军。这仿佛像击鼓传花一样，只不过这里的"花"是个炸弹，没人愿意成为最后一个接过炸弹、承担全部责任的人。

当陷入困境时，卓越的领导者会着眼未来。以下两个例子足以说明这个问题。

（1）你正情绪激动地和其他人讨论着问题。如果使用的是受害者型思维，你就会证明自己是对的，对方错了。愤怒的自以为是可能会让你感觉良好，但并不能解决问题。赢得一个朋友总比赢得一场争论要好。等到双方情绪都平静下来后，更容易找到解决问题的办法。在情绪最激动时问问自己："对话结束后我希望对方是什么态度？怎样才能让他产生那种态度？"你真的想因为逼迫他们、打击他们而让他们产生不满情绪吗？还是说你想让他们愿意和你一起工作？

（2）危机已经爆发。谁也不知道到底发生了什么，也不知道该由谁负责。团队成员开始互相指责，这就像发射了第一枚热导导弹。受害者型思维随后会发射一些"反导导弹"，还会额外发射几枚"导弹"，怨天怨地怨社会。拥有负责型思维的人会忽略其他人的互相指责，他们会看到掌控局势、带来改变、表现自己的机会。优秀的领导者不会问"哪里出错了"，相反他们会问："我们做什么才能继续向前、摆脱危机？"

如果你的反思是"如何才能克服困难，继续前进"，就意味着你和最优秀的领导者拥有一样的思维模式。

成长型思维：
从平凡到优秀的七种思维模式

学习，不要评判

承担责任的思维模式不是对自己或他人品头论足。这听上去不太合理，如果承担责任，我们当然会评判自己做得怎么样，不是吗？"评判"的问题在于，它很快就会转变为受害者型思维，阻止你前进。请你试着回答下面两个问题。

Q1：什么时候你会申请新职位？

A. 当我为新职位做好 100% 的准备时

B. 当我为新职位做好 50% 的准备时，我将在工作岗位上学习剩余部分

C. 我只做好了 10% 的准备，但新职位前景很好，所以我会申请

Q2：如果没有得到这个职位，你会做何反应？

A.我还没准备好，或者还不够优秀

B. 下次我在哪方面可以做得更好

C. 他们犯了一个巨大的错误

如果两个回答都接近选项 A，那么你的判断力实际上正在拖你的后腿。首先，面对一个全新的重大职位变动，从来没有一个人能做好 100% 的准备，总会有未知因素出现在你的面前。如果过多地评判自己，你永远也不会有信心进入下一个阶段。如果遭到拒绝，那么选项 A 的回答只会让你倒退，证实你认为

自己不够好的想法，对自信心造成更严重的打击。

选项 C 反映的是截然相反的问题，即完全缺乏判断力。这样的人一旦被拒绝，他们就会认为是选拔小组犯了错误。换句话说，他们拥有一种"侵略性"极强的受害者心态，只愿意指责别人。

定性研究表明，这里存在性别偏见。女性的回答往往更接近 A，而男性的答案更接近 C。也就是说，实际只做好部分准备时，男性更愿意追逐一个机会，他们会想方设法得到那份工作，希望能在新的工作中迅速学习。女性在自身能力的问题上可能更诚实，也更有批判精神，但这并不总会成为她们的优势。

承担责任的思维模式可以避免极端的评判行为，这种心态主要关注的是学习能力，即在工作中学习，而不是坐等自己做好 100% 的准备，即便是遇到挫折，你也能从中学会如何提高自己。

注意你的语言

这个问题的重点是控制自我暗示。我们在前面的章节中已经谈过这个问题的一些细节了。在使用下面这些"威力巨大"的词语时你需要特别注意：永远也不、不可能、总是、每个人、必须、应该、不能和绝不能。

优秀领导者的语文似乎学得不好，他们好像不懂"不"这个词的意思，似乎也从没听说过"不可能"这个词。我最好的销售导师曾经告诉我"不"这个词只是"是"的前奏。除非想接受失败，否则不要接受"不"这个答案。真正的领导者知道"不"是绝对不能出现的说法。

如果发现自己用上了"停止"这个威力巨大的词，那就问自己几个基本的问题：

（1）为什么这是不可能的？为什么从来没有人做过？为什么总是有人这么做？为什么我要这么做？

（2）我希望得到的理想结果是什么？

（3）我应该如何向理想的结果努力？

语言塑造了我们的想法和信念。如果我们让这些威力巨大的词语为所欲为，那么随着时间推移，这些想法就成了我们的信念。如果选择自我挑战，那么我们就会打开充满机会的新世界的大门，也能培养出全新的、更好的思维模式。

选择你的反应

我们要对自己的感受和反应负责。如果有人冒犯你、轻视你，从背后向你捅刀，你当然有权感到沮丧和愤怒，但没有法律规定你必须沮丧和愤怒，这是你的选择。我们的许多反应是天生而不假思索的，当被逼到墙角时，任何动物都会出现战斗、逃避或者呆住的反应。处理消极情绪的方法和我们在介绍第四种思维模式里谈论过的处理消极思维的方式一样：

（1）承认你的感受，明白自己可以选择感受；

（2）挑战你的感觉，这是你想要的感觉吗？你希望别人看到自己的这种反应吗？

（3）模仿你心中理想的榜样，他们会有什么表现？

说起来很简单，可在现实中当你被逼到死角时，做起来就没那么简单了。实践中，每一位领导者面对考验时都有自己独有的应对方式。例如想象对方穿着粉红色芭蕾舞裙的样子，当你看到一个 55 岁、身材发福、穿着粉红色芭蕾舞裙的中年男子的舞姿时，你很难发火。其他通俗但有效的方法包括以下几个：

（1）观察自己，你希望自己是什么样子；

（2）问问自己，想给观察自己的人留下什么印象；

（3）数到三再回答；

（4）深呼吸，放松；

（5）在头脑中回到一个幸福和安全的地方，放松。

要找出一种适合自己的方法，这种方法可以帮助你做出最理想的反应，而不是做出本能反应。

要点梳理

确定你的思维方式——负责型、团体型还是受害者型

／负责型：控制自己的命运，塑造世界。

／团体型：在框架内行动，就像机器上的齿轮。

成长型思维：

从平凡到优秀的七种思维模式

／ 受害者型：面对世界很无助。

承担责任的思维模式的核心信念

／ 我要控制自己的命运。

／ 我会对发生在自己身上的事负责。

／ 我会为自己的感受负责。

／ 具有挑战性的任务是我学习和成长的机会。

／ 我要把其他人看作榜样，而非竞争对手。

／ 我有成功的能力。

构建承担责任的思维模式

／ 庆祝成功，并从中学习：你提出的问题应该是"为什
  么进展良好"。

／ 直面现实的残酷，并从中学习：不要指责别人，从其
  他人的角度看问题。

／ 向他人学习：学习他们的经验，无论是好是坏。

／ 展望未来：不要陷入互相指责之中。

／ 学习，不要评判：避免过多的自我批评，以免信心受损。

／ 注意你的语言：挑战消极思维和绝对的自我暗示。

／ 选择你的反应：知道自己能够选择，做出好的选择。

06

第六种思维模式
善于合作

个人英雄主义的领导时代已经结束。一个人要想成功，必然离不开他人的帮助。善于合作思维模式的关键在于赢得追随者的信任与尊重，而不是把成为明星作为自己的目标。

成长型思维：
从平凡到优秀的七种思维模式

　　一个人一天中有多少有效的工作时间呢？随着工作时间增加、工作任务加重，这已然成了一个日益紧迫的问题。即便再想工作，我们在任何 24 个小时里的工作量也是有限的。

　　不过这个问题的答案显然不是 24 个小时，而是"你想有多少工作时间就有多少工作时间"。作为个体，我们的工作时间是有限的，而一个团队的工作时间则由团队的规模决定。要想成功就不能单打独斗，因为一个人一天的工作时间不可能超过 24 个小时。要想成功，我们就需要借助他人的力量。

　　如果合作是必需的，那就会引出一个问题，我们应该如何与他人合作？下面的图例显示了其中的一种方式。你属于图例范围中的哪个部分？

你和同事的关系如何？

我希望同事　　　　　　　　　　　　　　　　　我必须与同
喜欢我　　　　　　　　　　　　　　　　　　　事竞争

●─○─○─○─○─●─○─○─○─○─●

以上两种回答都很常见，也各有其合理性，但两者都未体现出卓越领导者的合作思维。下面，我们逐一探讨这两种回答。

"我希望同事喜欢我。"谁不希望被人喜欢呢？很少有人会想方设法被人讨厌。从社交方面看，一个人的名望具有天然的吸引力，但是在商界，受欢迎可能导致其暴露弱点。成为受欢迎的人的最简单方法，便是妥协，也就是接受团队成员和同事的任何企求与借口。表 6-1 列出了希望受欢迎的领导与追求高效的领导的不同之处。追求高效的领导不仅能取得更多成就，而且从长远来看，还能吸引到最好的团队。能力弱的员工只会被能力弱的领导吸引，而能力强的领导吸引的都是能力强的员工。

表 6-1　受欢迎的领导与高效领导的不同

受欢迎的领导	高效的领导
让团队成员过得轻松	设定高标准
为团队成员解决所有问题	训练团队成员自己解决问题
设定简单的目标	设定长远、有难度的目标
与团队成员打成一片	与团队成员合作
接受借口	希望团队成员拿出出色的表现

"我必须与同事竞争"这种说法没错。冲突根植于组织这一形态，对于一贯认为组织内为了同一个目标愿意和谐相处的商界大师，上述观点实在是出人意料。但是对于那些为了预算争辩不休、争夺升职机会和争抢资源的人来说，这不足为奇。

成长型思维：
从平凡到优秀的七种思维模式

在一个广泛的战略框架内，部门间通过竞争才能确定优先事项及资源的分配，竞争可能是良性的也可能是恶性的。下面列举了两类恶性竞争的例子。

（1）政客。他们热衷于攻击别人、制造怀疑情绪、鼓动公众对抗他人，他们希望通过削弱他人来衬托自己的优势，然而这种行为恰恰反映了他们的无能。他们不可能赢得任何盟友，因为根本没有人会信任他们。当你听到一个同事说另一个同事的坏话时，你会相信他，还是想知道他是否也在背后说过你的坏话？正因为很少有人信任他们，他们的实力很弱，当然也不会取得多少成功。但这种人会损害集体利益。

（2）独裁者。独裁者能够依靠自己的方式取得成功，他们是绝对的主导，拥有强大的自我意志，甚至连 CEO 都很难影响到他们。或许他们会坚决捍卫团队的利益，但他们要求 100%的忠诚，如果不属于同一阵线，他们下手时会毫不留情。他们不是为了"更大的善"而努力，他们只是为了自己。

良性的竞争与合作是什么样的呢？是时候回顾关于第六种思维模式最开始提到的那个问题了，只不过这里需要一个重要的补充。

你和同事的关系如何？

我希望同事 喜欢我	我需要同事的信任 和尊重	我必须与 同事竞争

当与同事合作时，最完美的结合既无关竞争，也不是追求成为受欢迎的人，而是关乎被信任与被尊重。想想自己的职业生涯，以及在成长和发展过程中对你帮助最大的老板，我相信你会信任和尊重他们。曾经有研究证实了这种观点，这个研究显示，追随者对领导者最重要的要求之一，就是真诚。更深一步地说，真诚意味着能够信任和尊重老板。真诚也是具有分界意义的领导素质。不被信任的老板，在其他领导素质上也不会被看好（例如激励能力、决断力、判断力等方面）。想要成为他人眼中的优秀领导者，你就必须成为被人信赖的人。如果曾经为不可靠的老板工作过，你就会明白这个问题的重要性。

能否成为其他人眼中的好老板，唯一的指标就是："我的老板关心我和我的事业"。如果这一点做得好，那么这个老板在其他方面也不会差；在这方面做得差，其他方面也不会好。如果只能做一件事，你就该向团队成员表现出自己对他们的关心。

我接触的一些出色的领导者都反复提到优秀团队的重要意义，其中一些人认为合作是最有难度的一个技能。对于领导者来说，为什么合作如此重要却又如此困难？即便对最优秀的领导者来说，合作也同样重要而且有难度，原因并无不同。

如果一个领导者想真正取得颠覆性的成功，他便不可能独力改变世界，他必须组建一个团队。每一个伟大领导者的背后，都有一个伟大的团队，伟大领袖改变历史进程的神话，仅仅只是神话而已。历数每一位历史巨人，不管是拿破仑还是

成长型思维：
从平凡到优秀的七种思维模式

丘吉尔，你都会发现，每一个层级都会有取得卓越成就的领导者。将军们需要拿破仑，拿破仑也需要将军们，这就是合作。随着世界变得越来越复杂，全球供应链上的每个人都依赖于其他人，团队合作的需求也就越来越大。

如果一个领导者具有颠覆性，那么团队合作不仅更加重要，难度也会更大。"一个好的领导者有好胜心，他们想击败其他人。但一个伟大的领导者会看到，他们都致力于同一个目标。"①任何一个在组织中有过晋升经历的人都知道，他们与同事的关系始终是竞争与合作并存的，即便进入管理层后，这种冲突也不会消失。

具有颠覆性思想的领导知道他们想打造什么样的团队。物以类聚，人以群分，这样的社交本能放到商业世界，就是一种糟糕的商业本能。在工作中，一个优秀的团队里不应该有行事风格雷同的成员。想象一个真正具有颠覆性的领导者，他准备挑战体制，以五年为期做出巨大的改变，如果那个领导者雇用了 50 个和他一样的人，他们迎接的必将是彻底的混乱。他们什么也做不了，因为每个人想的都是挑战对方，他们都想颠覆体制。团队必须保持平衡，如果一个团队全是性格外向的人，那会是一场噩梦，每个人都会把时间用在说服别人上；如果一个团队全是性格内向的人，就只能收获一片死寂。

---

① 引用自 Teaching Leaders 公司 CEO，詹姆斯·图普。

优秀的领导者就像一位大师，他们可以看到未来，确定前进的方向，但很少有大师是优秀的管理者。在大师的背后，需要一群助手，确保列车按时运行，保证按时缴纳各种费用，保证员工出勤。伟大的领导者可能引领变革，但同时需要伟大的管理者来管理变革前后的世界。问题在于，由于世界处于不断的变革中，大师和助手需要同时行动，让世界在改变的同时也能维持稳定。

共同成功

成功是团队上下一起努力的结果。下面是 Telecity 公司 CEO 迈克·托宾的故事。

21 岁时，我去了丹麦，也是在那时，我第一次成了总经理。我曾犯过很多错误，也曾对别人大喊大叫。有一次，我工作到很晚，是唯一留在大楼里的人。这时，我听到了吸尘器的噪声，而且声音越来越近，直到清洁工走进了我的办公室。我说："你看，我还在努力工作，不想被打扰，你能晚点再过来吗？"

然而他却对我说："你虽是一个新人，但我需要你做好工作、拿出销量，这样我才能保住我的工作；而你需要我把房间打扫干净，这样才能给客户留下好印象。所以说，我要靠你来完成我的工作，你要靠我来完成你的工作。"尊重遇到的每一个人，尤其是第一天遇到的人。

成长型思维：
从平凡到优秀的七种思维模式

人们经常谈到团队合作，也非常重视团队合作。"团队合作"是一家公司进行评估时的一个常见标准，在 CEO 们的演讲中，这个词的出现频率也很高。尽管说起来可能很长，但有用的建议其实很简单。如何与不同于自己的人共事？标准答案是，把人们召集到会议室，进行半天的迈尔斯·布里格斯性格类型指标（Myers-Briggs Type Indicator，MBTI）测试。不同类型的人可以分为不同小组，他们也许是 INTJ 型（内向 / 直觉 / 理性 / 判断）或者由其他四个字母缩写表示的类型。迈尔斯·布里格斯性格类型指标测试能让团队成员意识到并尊重不同类型的人，但这并不是终点，原因如下。

（1）迈尔斯·布里格斯性格类型指标测试并不会告诉你如何与不同于自己的人合作。

（2）想要精通迈尔斯·布里格斯性格类型指标测试需要花费数年时间，但这与我们的目的不符。管理人员需要马上就可以使用的工具。

（3）迈尔斯·布里格斯性格类型指标测试假设所有的性格类型都很好，把这个测试推销给每个人的做法也很聪明，这无可指责。但是与精神病患者合作过的人都知道，并不是所有的性格类型都很好。

（4）人们不应该一辈子被局限在一个性格类型中。

刚刚进入职场、被要求做一些工作时，我们所想的自然是"我该怎样做"。领导者却有不同的想法。他们不会问"我该怎样做"，而会问"谁能做这件事"，至少也会问"谁能帮助我"。从"怎样"到"谁"的转变，就是从普通员工到领导者的关键转变，也是善于合作的思维模式形成和建立的过程。

好消息是，善于合作的思维模式可以转化为一系列任何人都能学习并可以使用的特定技巧。在本章中，我们将探讨以下四个主题：

1. 确立自己在组织中的影响力；
2. 组建你的团队；
3. 维护并发展团队；
4. 如何构建善于合作的思维模式。

确立自己在组织中的影响力

对某些管理者来说，"团队合作"意味着"照我说的做，否则你就没有团队精神"。在讲究指挥和控制的旧世界，管理者的这种态度不会引起非议，传统的管理就是让受你控制的人来做事。而新一代的管理，则是让不受你领导甚至你也不喜欢的人完成工作。想要实现目标，我们不得不说服其他部门的同事甚至其他组织的工作人员伸出援手，但我们没有权力给他们下达命令。无法发号施令时，怎样才能让其他人帮助你呢？"影响力"这时就能起到作用了。在传统的工作关系中，"控制力"是关键；而"影响力"则是新一代工作关系的关键。

成长型思维：
从平凡到优秀的七种思维模式

你所在的组织中，最有影响力、效率最高的管理者是谁？答案很有可能是那些影响力不限于正式职位和权力限定范围的人，他们通过由信任和支持构筑的网络完成工作。换句话说，没有人愿意支持他们不信任的人，建立信任关系需要时间，这不是一件容易的事。

"相信我"这句话，实际上是最不能建立信任关系的做法。下面是三种建立信任关系的方法。

（1）倾听：结盟的艺术。

（2）树立信誉：避免"意外惊喜"。

（3）简单化：降低风险和渐进式承诺的艺术。

倾听（结盟的艺术）

最优秀的领导者同普通人一样都有两只耳朵和一张嘴巴，但他们对这些器官的使用是有比例的，听到的内容至少是说出内容的两倍。大多数人都认为自己说的话无人倾听，没有人能真正理解他们，一旦有人愿意花时间来倾听，就表明他们肯在我们身上投入时间，从而建立更密切的关系。如果你愿意做一些"倾听"的研究（去咖啡厅，观察闲聊的两个人）便能够发现，一般来说，主要是一人讲，另一人听。倾听者只需要表现出感兴趣的样子，偶尔说几句"真的吗？她说了什么？他没这么干吧？"便足以让说话的人愿意继续说下去。回到工作上，听得越多，你就越能理解同事的真正想法，懂得他们的希望和恐惧。他们实际上是把"信息"这个具备影响力的一手资料交到了你的手上。

我合作过的最有影响力的人是一个怪人。她没有魅力，很沉闷，完全没有想象力，也从未冒险提出过一个创意，但客户却喜欢她。终于在某一天，我找到了原因。上午 11 点时，我看到她在听客户说话，直到晚上 7 点半，她还在听同一个人说话。那天结束时，客户已经把所有心里话都告诉了她。用她的话说就是："只有当他清空了大脑时，我才能开始向里面填充我的想法——还会把我的想法包装成他的想法。"

倾听在很多方面都能起到助益作用，归纳起来，良好的倾听可以发挥以下作用：

- 让别人高兴；
- 建立情感纽带；
- 帮助你理解对方的思路；
- 让你用一种符合对方需求的方式呈现自己的想法。

只有倾听是不够的。在酒吧听人说话是维系友谊的好方法。但谁都有在工作中不能信任的朋友，好朋友并不总是可靠的同事，所以我们需要做的还有很多。最重要的是，我们必须证明，我们会说到做到。

树立信誉（避免"意外惊喜"）

信誉就像花瓶。树立信誉需要时间，可毁掉信誉却很容易。信誉一旦被打破便很难修复，而且不可能完全复原。诚信的核心就是说到做到，很少有人乐于用说一套做一套来骗人。不过即使没有欺骗，也会有一些人比其他人更值得信任。我们说的和做的之间究竟为什么会有差距呢？

第一个问题就是我们说了什么。我们说的和别人听到的可能存在很大区别。因为有所怀疑而含糊其辞，这很正常，但又很危险。下面就是一些当我们没有进入完全投入的状态时常说的模棱两可的话：

- 我会试着……
- 我希望……
- 我认为……
- 我打算……
- 我将努力……

现在该扭转局面了。当你的老板说，他会尝试、希望或打算提高你的奖金或者让你升职时，我们听到的是一个承诺。这话听起来好像奖金已经装在你的口袋里了。当你的老板回来说："我努力了，但是……"你就会备感失望。在你心中，仿佛一个美好的假期时光被剥夺了一样，老板的信誉会直线下降。在不做出具体承诺方面，政客们算得上是行家里手，他们不会说"我们会做什么"，而是说"我们有着什么样的愿望"这样奇怪的话。当愿望没有实现时，他们可以说对此从未做出过承诺，毕竟愿望不是目标或者承诺。在那之后，他们又会抱怨没有人相信他们。

想要树立信誉，首先要知道自己做出了什么承诺。不管你说话时多么小心，如果其他人认为你做出了承诺，那么你就是做出了承诺。这意味着自己曾说了什么，你必须一清二楚，要避免说模棱两可的话。如果对提供项目、奖金或其他任何东西有疑问的话，那你就应该尽早说清楚。

明确表明自己的质疑是确保成功的前提，继而提醒他人那些会引发质疑的问题和情况。这种做法能够避免"意外惊喜"。"意外惊喜"就像站在高处扔下信誉这个花瓶，只有撞大运时才能完好无损。大多数人都希望避免进行艰难的对话，但是尽早进行有关"期望"的艰难对话，总比后来进行有关"结果"的更艰难的对话要好得多。

有关信誉的第二个问题，就是我们做了什么。有一句众人皆知的格言——通往地狱的路是由善意铺就的[①]。这句话清楚地

①　1775 年 4 月 16 日，博斯维尔（Boswell）引用约翰逊（Johnson）的话，"地狱之路是由善意铺就的。"类似的说法还包括克莱尔沃（Clairvaux）的圣伯纳（St Bernard）（1091—1153），"地狱中满是善意。"这种说法的真正来源已无法追溯。

说明，只有善意是不够的，我们必须履行承诺，做出成果。另一句格言概括得更全面——地狱里满是好意，而天堂里满是出色的工作。当无法履行承诺、不能按时履行承诺或者不能按标准履行承诺时，我们总能找出各种理由。例如，我们曾在学校听过各种不完成作业的借口：

- 狗 / 猫 / 金鱼吃了我的作业；
- 我忘在家 / 火车 / 月球上了；
- 我的电脑 / 打印机 / 房子坏了；
- 我 / 妈妈 / 阿姨 / 鹦鹉病了；
- 写作业与其他作业 / 运动 / 志愿活动 / 拯救世界冲突了。

这些借口与给你建房子的公司延误工期或同事为工作上的失误给出的理由一样"可信"。这些借口我们大都听过，我们也不会相信这些说法。但过去的惨痛经验提醒我们，我们的失望可能会产生连锁效应，接下来我们也会让别人失望。

想要避免这种"意外惊喜"，一个方法就是尽早进行"艰难的对话"。一旦意识到可能会出现影响履行承诺的风险，你就要说出来，说明风险的性质以及你所想到的降低风险的方法。

信誉意味着永远说到做到，无关大小。如果你答应给客户发送一封有关详细规划的电子邮件，那就按时发送。让别人失望的那一刻，你就失去了信誉。

简单化（降低风险和渐进式承诺的艺术）

"简单化"背后的三个原则

（1）至少要在最初阶段把风险和投入最小化。每个人都厌恶风险，承受的压力越大，我们就越讨厌风险[①]。具体来说，对损失的恐惧程度是对获得的渴望程度的两倍之多，我们会拼命努力，避免损失。在一项实验中，一组在芝加哥高地教书的老师预先领取了奖金，但他们被告知，如果没有达到目标就必须返还这笔钱；另一组的老师被告知，如果他们能达到目标就可以赢得奖金。对损失的控制导致第一组教师比第二组可能赢得奖金的教师表现得更好。这个实验传达出的信息很简单，如果你希望别人与你合作，你就要保证与自己合作没有风险，也不困难。

（2）互惠。我们从小接受的就是"获得的同时也要给予"这样的教导，那些从未给予过的人被视为吝啬鬼，受人唾弃。我们已经多次见证了互惠的力量。在一项实验中，一个学生作为向导带人们参观艺术展览，参观结束时，学生必须出售抽奖券。一半学生在参观期间为被试购买了饮料，另一半学生什么也没做。买饮料的行为在最后出售抽奖券时得到了回报，被试付出的远比一杯饮料更多。

---

① 出自《国家科学研究期刊》，"皮质醇改变个人账务风险偏好"，作者：佛罗里达大学波顿·H. 辛格（Burton H Singer）。我之所以了解到这项研究，是因为在咖啡店听到一群陌生人的交谈。那是一段信息量巨大的谈话，同时也表明，只要认真倾听和观察，我们身边有着大量机会。

这意味着我们应该拥有慷慨的心态，帮助他人，他人也会帮助我们。但无限的慷慨大方也是愚蠢的，因为谁都会认为你好欺负。执行"互惠原则"要全盘考虑，如果没有得到回报，那就停止给予。这相当于博弈论中的制胜策略——以牙还牙。大量研究表明，这个原则普遍而有效，无论是在国际关系上，还是"囚徒困境"中，抑或是人类及其他动物的行为上。

（3）渐进式承诺。这是互惠的延伸。不要一开始就付出一切，也不要一开始就提出全部要求。咨询师很善于运用这一原则，他们会提出以较低成本，甚至免费为代价为你做一个初步调查和分析。这似乎是一个低成本、低风险的投入，因为你完全可以在调查阶段结束后把他们踢出局。但真到那时候，你会发现他们已经融入你所在的组织中了，他们清楚所有的问题，并且恰好拥有可以解决所有问题的团队。早期的小投入突然成了一个巨大的投入。

当你在组织中构建影响力时，你还需要掌握一个技巧——"赞美"。这个技巧适用于各层级的所有人。

赞美的艺术

有多少人认为自己工资拿得太多、晋升太快、太被认可或者太受重视？不会有太多人有这种想法。可悲的现实是，太多优秀的人才不被认可、不受重视，甚至没有被安排到最合适的岗位。多年以来被人忽视、被人看低，这会让人无比失望。这时，如果有人站出来，全面认可你的才能、仁爱、智慧与努力，你会怎么看待这个拥有这么出众判断力的伯乐？这个人想必会给你留下很好的印象。

有句话说得好，赞美别人会让你心想事成，这句话差不多就是真理。研究表明，即使是言不由衷的赞美也是有用的。更令人惊讶的是，没有哪句赞美会起到适得其反的效果。《经济学人》杂志曾写道："加州大学伯克利分校的詹尼弗·查特曼（Jennifer Chatman）进行了一项实验，试图找到赞美转为无效的节点，然而结果表明，并不存在这样的节点。"在一个缺少赞美的世界里，人们只是不能得到足够的赞美，而实际上，赞美是一种非常简单的获得影响力的方法。

我们不必模仿"太阳王"路易十四那些卑躬屈膝、点头哈腰、花式奉承的朝臣。这里有一些使别人高兴的简单方法。

（1）倾听并表现出兴趣。你对一个人投入了时间，这意味着你认为他说的话有价值。如果拿不准，那就让人们谈论他们最喜欢的话题——他们自己。对他们来说，这是一个永远也说不完的话题。

（2）征求建议。这印证了他们的观点是明智、有价值的。

（3）赞同。"赞同"是低级的奉承。如果暗示曾有疑问但现在同意他的观点，这才能引起对方的共鸣。例如，"我原以为那太疯狂了，但现在我认为它棒极了！"这不仅表明你的目标很清晰，而且还说明了他们拥有非凡的说服力，总体上非常出色。

（4）顺从。表明你和对方有相似的价值观和品位，避免竞争。如果大家都喜欢滑雪，不要炫耀自己去过很好的滑雪胜地，无论对他们去过的地方，还是对他们只用一周时间就勇敢地征服了练习坡，你应该适当地赞扬。

（5）给人一种不随意赞美的印象，这样的赞美会显得更真诚。"我一般不这样说，我真的不喜欢评价别人，但我不得不说这次演讲太出色了！"

（6）当众赞美。当着其他人的面称赞某人，从自我意识层面来说，能瞬间让人产生快感。

组建你的团队

合作不限于组织内的工作，合作的重点首先是组建一支支持自己的高效团队。"最优秀的领导者会缔造一支强大的团队，并给团队提供无限发展的空间。他们寻找的不是唯唯诺诺的人，而是强大的人。"[①] 不要想当然地以为自己接手的团队就是你将来需要的团队。任何球队的教练都知道，他们的主要工作之一，就是在合适的位置上安排适合的球员。你也一样，应该为自己的团队寻找合适的人才，培养他们，让他们发展，以此最大限度地激发他们的潜力。

---

① 引用自摩根（Morgan）爵士，他是托尼·布莱尔（Tony Blair）的高级顾问，也是 OFSTED 的主席。

组建合适的团队需要权衡各个方面。你必须平衡四个变量：技能、观察问题的角度、风格和价值观。同时平衡这四个因素，就像玩杂耍时同时扔四个球一样，只不过趣味性差一些。你永远不会取得完美的平衡，但你也不需要完美的平衡。寻求团队平衡的合理方式，就是从战略入手，设计组织结构，再寻找合适的人填补每一个空缺。

优秀的领导者组建团队的方法各有不同，他们不合逻辑的做法几乎总是让顾问和大师们抓狂。首先，他们考察的是可用的人才有哪些，然后再根据每个人的不同优势分配最适合他们的工作。这时，如果还有明显的漏洞，他们便会尝试从外部招募，要么从其他部门或者竞争对手那里挖人，要么在市场上招聘。这通常会导致一个混乱的结构。由于让每个人充分发挥自己优势的这种做法总是行之有效的，如果不知道该怎么做，那就先找到人才，再考虑如何组织。由此衍生出的问题是：什么是优秀的人才？我的团队的正确组合是什么？你需要考虑的四个变量就是技能、观察问题的角度、风格和价值观。

（1）技能。这无须多说，大多数管理者这一点都做得很出色。在经营一家企业时，你当然不会只要销售人员或者会计，你需要平衡。但这说起来容易做起来难，总有很多能力出众、作用突出的人自认为能够上位，可现实并非总是如此。

（2）观察问题的角度。历史上著名的独裁者们总是在不光彩的路上"辉煌"一段时间后以一败涂地告终，他们的人民通常都会付出沉重的代价。这些独裁者自我毁灭的原因有很多,但其中一个共同的原因就是不能容忍异议,他们只想听到自己的声音。

可持续的领导力需要吸收不同的观点,必须愿意迎接挑战,听取所有意见。正如一句老话所说的:"森林里鸣叫的鸟并非只有一只。"假如经营一家企业,企业的核心结构是否有运营部门、职能部门和客户服务部门?还是说你将它们混在一起?如果主管一所学校,你是否分配有年级组长、课题组长和行政人员?这个问题没有单一的答案。在实践中,你必须确定自己的重点,并以此为基础构建整个体系。这意味着随着时间的推移,整个组织的首要任务、关注焦点和组织架构都会发生改变。

(3)风格。提到风格,大多数人想到的都是迈尔斯布里格斯性格类型指标(MBTI)。但 MBTI 只研究八种类型。人性比 MBTI 更多样。看看下面的列表,加上你自己的选择。

全局	细节
数字	文字
偏爱早上	偏爱下午
承担风险	规避风险
控制	授权
归纳	演绎[①]
雄心勃勃	谨慎
竞争	协作

---

① 演绎逻辑是自上而下的:先是原则,随后才是细节。归纳逻辑自下而上:从扎实的细节出发,从中找出原则。

我们所面临的风险在于，我们总是招募与自己类似的人。如果你是一个雄心勃勃、善于从全局考虑问题，而且愿意冒险的人，你可能会喜欢与自己一样的人。但是你的周围同样需要那种关注细节、在意风险，并且能帮助你避免重大损失发生的人。风格越不相同，团队合作的难度就会越大。如果你能让所有人和睦相处，那么风格最多样化的团队就会成为表现最好的团队。

（4）价值观。漫长的访谈结束后，CEO 放松下来。我把采访本放在一边，随意和他聊天，他的戒备心也没那么重了。他随口说道："我发现，我们在雇用大部分人时看重的是他们的能力，而开除大多数人时是因为他们的价值观。"这句脱口而出的话恰好说明了为什么有些团队能够成功，有些只会失败。

成功的团队对强大价值观的需求如同对强大能力的需求一样强烈，相比纯粹的技能，诚实、可靠、努力工作和心胸开阔这些价值观能够更好地激励一个团队。经营连锁修鞋店的约翰·蒂普森（John Timpson）按照这个逻辑得出了结论，他放弃了常见的人力资源招聘模式，而是改用一系列"某某先生"。如果你是"混乱先生""撒谎先生""懒惰先生"或者"傲慢先生"，你就不会得到工作。"乐于助人先生""整洁先生"或者"开朗先生"更有可能成功。蒂普森的观点是，能力可以后天养成，价值观却不行。组建团队时，你首先要看团队成员的价值观，其次再考虑他们的能力。

维护并发展团队

最大的陷阱，是"身陷正式的领导和组织架构中"。伟大的领导不是在组织架构内推动杠杆或拨动转盘的，你必须释放每一个下属的能量，能授权就授权，与他们互动，支持他们，帮助他们成长。这不是传统的"指挥和控制"，这是真正的团队合作。

如果想促成团队合作，你必须把团队成员融合在一起。我们在前面说过，最能反映团队能否合作的一点是："我的老板关心我和我的事业。"首先，你要对团队成员表现出关心。这意味着你需要花时间了解每一个成员，例如，他们的动力是什么、他们的优势是什么、他们希望得到什么，以及如何最好地激发他们的潜能。在此基础上，作为团队的领导，你需要做两件关键的事情，即授权和指导。

授权

软弱的管理者不会下放权力，他们总会找出软弱的理由：

- 我太忙了；
- 我自己做得更好；
- 我自己做得更快；
- 团队成员已经很忙了；
- 老板想要我这样做。

你还可以继续添加自己听到过的其他借口，但所有借口的背后都掩藏着以下两种恐惧心理。

- 团队太好了：他们会把我比下去。
- 团队太糟糕：他们会把工作搞得一团糟。

最优秀的领导者会尽可能多地把权力下放。这使得他们可以把精力集中在一两件最重要、自己最擅长的事情上。通过大量的授权，他们可以做到以下几点：

- 表明自己对团队的信任；
- 帮助团队成员学习和成长；
- 找到更好的解决方案；
- 为每一天制造更多时间；
- 聚焦自己。

我们可以找到很多讨论如何授权的资源，而本书的目的只是展示"授权"是合作思维模式的重要组成部分。当面对全新的工作角色时，不要问"我该怎么做？"你应该问："谁能做？"然后尽可能地授权其他人去完成工作。

指导

指导和授权相辅相成。领导者应非常擅长向下委派任务，追随者则通常善于将问题向上汇报。在传统的"指挥与控制"的世界中，仿佛英雄一般的领导者必须亲自解决所有问题，只有这样才能显示出他们的伟大和智慧。这也表明他们不信任自己的团队，这会阻止团队的学习和成长。

合作的思维模式假设你不知道所有问题的最佳答案。相反，你会专注于帮助团队成员寻找最佳解决方案。"最佳"解决方案并不一定是教科书式的答案，也不一定是你当时的想法。最佳解决方案应该是团队成员自己找到的解决方案，如果他们认定，他们就会全身心投入，想办法让自己的方案成功（即便这意味着必须随时做出调整）。如果向他们展示你的最佳解决方案，他们没理由全身心投入，因为那是你的想法，与他们无关。更糟糕的是，他们可能觉得你的主意不如他们的好，有时甚至会蓄意破坏你的行动。

"指导"的本质，是提出有价值的问题并倾听。要达到这个目的，你可以采取不同的架构和方法。我们的目标不是成为专业的教练，我们不过是帮助团队找到属于他们自己的并且有用的解决方案。

如何构建善于合作的思维模式

最优秀的领导者超越了"指挥与控制"的思维模式，不管在任何层级，他们采用的都是善于合作的思维模式，这种做法能够融洽各层级之间的关系。等级制度源于"家长-孩童"式的关系，这与善于合作的思维模式相去甚远。在等级制度中，你的"父母（老板）"可能善良、热心，也可能虐待成性、不负责任，他们拥有权力，而我们则被迫扮演"孩童"这一角

色。老实说，我们认为自己完全有能力解决问题，然而却总是
被老板当作小孩子（不管他们是否出于善良的本意）。所以我
个人用作辅导的大部分时间都花在了那些拿着高薪的高管身
上，这一点也不奇怪，他们也讨厌上述关系，想知道应该如何
与"家长式老板"打交道。

　　善于合作的思维模式能够打破这种关系，与"家长-孩童"
式的关系不同，这种思维模式创造了一种合作关系，也就是埃里
克·伯尔尼（Eric Berne）所说的成年人与成年人的关系。

成年人的对话

　　我想开一家银行，这需要 10 亿美元的启动资金。我查
看了自己的银行账户，还差很大一笔钱，所以必须找到一个
合作伙伴，凑出 10 亿美元。

　　我约了哈利法克斯银行（现在的劳埃德银行集团）洽
谈，与该银行的 CEO 詹姆斯·克罗斯比（James Crosby）坐
在了一起。我们面对面坐在沙发上。我知道这很重要，因为
真正重要的讨论往往不是发生在谈判桌上，而是发生在非正
式场合的。过了一会儿，詹姆斯说："所以，这需要花多少
钱？""大约 10 亿，但这主要是监管资本。"詹姆斯眼都没眨，
"美元还是英镑？"我用的一直都是美元，但我决定把预算提
高 50%。"英镑。"我尽量装得若无其事地回答。

　　随后，我们同意由他的团队完成细节上的工作。直到那

成长型思维：
从平凡到优秀的七种思维模式

一刻我才意识到，自己没有给他看过任何文件。但如果那么做了，我就会像其他推销自己想法的无名小卒或销售人员一样，他反而会站到另一个角度评判我，而不是如此爽快地与我合作。合作伙伴与总统和首相一样，从来不需要用PowerPoint说服对方。如果想成为合作伙伴，你必须表现得像一个合作伙伴。作为一个身无分文的局外人，我没有权利把自己想象成合作姿态。可如果你表现出合作伙伴才有的姿态，你就会得到相应的对待。

要有勇气，扮演好那角色。

合作伙伴的关系认定就是指每一个合作伙伴都有着不同的角色，你们必须共同努力，最大限度地发挥各自的优势。涉及评估时，等级制度自然会重新确立，这时的评估就成了有关学习和发展的讨论，而不是"家长－孩童"式的关系中简单的表扬或批评孩子。

善于合作的思维模式对团队同样有效。传统的思维模式聚焦于监视、控制、指挥、决定、审查。如果曾管理过专业人士，你自然知道他们讨厌被这样对待。他们希望得到信任和支持，而不是被控制、被监视。善于合作的思维模式更加关注指导、授权、支持与团队成长。即使是专业人士也会乐于接受这种管理，从而发挥出其最佳状态。

要点梳理

善于合作的思维模式的关键在于信任和尊重，受欢迎程度并非重点。管理者不再控制成功所需的所有资源，所以合作成了关键所在。具有合作精神的领导者会关注以下四个方面。

在组织中确立自己的影响

／倾听：利用最优秀的销售人员和领导者的秘密武器——你的耳朵。

／树立信誉：说到做到，设定明确的预期，避免意外。

／简单化：减少预期风险与投入，运用渐进式承诺。

组建你的团队（不要盲目接手一个团队，应在四个方面实现平衡）

／技能：招募有潜力、有业绩的人。

／观察问题的角度：不要招揽一群唯唯诺诺的人。

／风格：不同风格的结合能产生最高的效率，但也最难管理。

／价值观：技能可以培养，价值观却不行。你需要知道自己想要什么。

维护并发展团队

／授权：用具有挑战性的工作考验团队，不要让工作一成不变。

／指导：不要让团队把所有问题都抛回给你。

构建善于合作的思维模式

／面对高级管理人员时拿出点勇气，"演好戏"。

07

第七种思维模式

不断成长

今天有效的做法，明天未必有效，因为事物是发展变化的。取得了成功的领导者很容易成为自身成功的"囚徒"，因为他们往往会固执地坚守自己成功的模式，直到被变化了的世界边缘化。最优秀的领导者往往总是在不断学习、不断成长、不断适应新的变化，他们拥有继续前进的勇气。对于任何希望不断学习和成长的人来说，"成长周期"是一个简单易行的好方法。

成长型思维：
从平凡到优秀的七种思维模式

　　现代伦敦是一座充满中世纪同业公会的城市。如果想做些工作，或者偶尔在豪华大厅里吃顿饭，你可以加入这些公会。同业公会中有优先顺序，这种顺序完全基于"先到先得"原则，这一点最早可以追溯到 14 世纪。以下是一些同业公会的例子：

（1）蜡烛公会（蜡烛商）；

（2）油脂公会（油脂蜡商）；

（3）腰带公会（剑带和腰带商）；

（4）军械与铜匠公会；

（5）桶匠公会（制作木桶）；

（6）弓匠公会（制作长弓）；

（7）箭商公会（制作弓箭）。

　　15 世纪时，长弓制作人在国家防御体系中拥有至关重要的地位。面对法国这个多年的盟友和仇敌，在一场令世人震惊的胜利中，英国人的秘密武器就是长弓。

　　现代社会不再需要弓匠与箭商，但这些与职业有关的名词却变成家族姓氏流传了下来。你还能在现代社会中发现很多姓钱德勒（Chandler）和库珀（Cooper）的人，他们的姓氏最终都可以追溯到蜡烛商人和铜匠这些古老的职业上。

今天必不可少的技能，到了明天也许就会成为历史遗迹。现代社会的变化速度已经达到了历史最高水平。传说中的"数字鸿沟"，将拥有互联网和社交媒体的一代与被历史抛弃的另一代人分割开来。想想你的祖父母做的是什么工作，想想他们的工作方式，对于我们来说，那就像处在一个完全不同的世界中。祖父母也会认为我们的工作方式古怪而过时。今天最尖端的科技，到了未来也许会像动物油脂蜡烛一样过时。想在职场生存、取得好成绩，我们需要不断学习新的技能；否则，我们就会被扫进历史的垃圾堆。

改变世界

告别清新的空气，铁笼进入了地下 300 米黑暗而拥挤的矿井，我们坐上了一辆摇摇晃晃的轨道车，车开了两公里后到达了海底的采煤工作层。下车后，我们走进了一条更窄小的通道。最开始我们弯着腰走，后来跪在地上爬行。在终于到达采煤工作层后，我们只能趴在地上爬行。距离我们几英寸的一边，是一台正在作业的巨大切割机；另一边，坑木支撑着巷道顶部。我们通过后，身后的巷道顶部便坍塌了，空气非常污浊。当重返地面时，我的肺里全是黑煤烟，导致我

成长型思维：
从平凡到优秀的七种思维模式

在接下来的一周里一直咳嗽。

那时，矿工们准备罢工，要求将采煤工作面工人的工资提高到每周 45 英镑。大多数从没下过矿井的英国人认为，矿工们是因为贪得无厌才提出了这种过分的要求。而当我回到地表时，却想知道矿工们在肮脏的环境下做着危险的工作，要求为什么这么低。

15 年后，那个矿井被关闭了，原因是赚不到钱。而大多数矿工在矿井关闭 15 年后仍然找不到工作。那是些曾经努力工作并且骄傲的人，他们做着"男人的工作"。剩余能做的工作就是清理垃圾（这毫无技术含量），或者学习新技能成为白领（然而在矿井里扫地的你不太可能学会打字）。

这些曾经的英雄，被变革大潮拍在了沙滩上。无论我们多么勇敢、多么努力地想要生存下去，我们必须学会适应新情况、新变化。无论新工作是什么，我们都要学习新技能。

本章将讨论三个主题：

1. 成长型思维为什么重要；
2. 思维的"监狱"阻碍了我们的成长；
3. 如何构建不断成长的思维模式。

成长型思维为什么重要

之所以要不断学习、适应新情况，主要有三个原因：

（1）今天有用的技能，到了明天也许就没那么有用、没那么重
　　要了；
（2）我们会在一生当中多次变换工作；
（3）进入组织的不同层级，生存和成功的规则也会发生改变。

今天有用的技能，到了明天也许就没那么有用、没那么重要了

我们已经在前面的几种思维模式中探讨过关于技能随时随地都在改变的话题。即便一份工作没有变化，但工作所需的技能也会发生改变。人类文明诞生之初就存在农民这个职业，但务农的具体工作如今已经变得面目全非了。奶牛现在更乐于接受由机器人挤奶，因为机器人比人类更灵活，它们可以按照奶牛的作息时间工作。现在的农民必须了解科技知识，最受他们关注的科技包括：GPS 追踪，保证耕种时保持直线；利用无人机确定一块农田需要多少肥料；奶牛体温探测，以此管控奶牛的怀孕率；利用联合收割计量仪监控、记忆、显示粮食产量；用智能手机做任何事……人工耕地、人工挤奶已经成了历史。

很明显，办公室工作也在时刻发生着变化。科技改变了我

们的工作方式，能让我们做到过去完全不可能做到的事情。但改变并不总是向着好的方向发展的，电子邮件和手机对我们的限制前所未有。科技好的一面，是让我们获得了更多的信息和渠道，提高了生产力；坏的一面，则是外界的期望更高，工作有可能转向离岸外包和自动化，而且我们一周七天、一天 24 个小时都离不开工作。没有人知道 20 年后我们的工作会发生怎样的改变，如果无法预测未来，成功的唯一方法就是改变自己。

我们会在一生当中多次变换工作

在不是很久远的过去，有一个传说中的"黄金时代"，如果你进入一家公司，在完成了 45 年的忠诚服务后，心怀感激的老板会在退休时送一个旅行钟给你作礼物。

那时，经合组织（OECD）国家的平均工作年限为 8~13 年 [1]（研究表明，劳动法越严格，平均工作年限就越长，但年轻人的高失业率会抵消这种优势），美国的平均工作年限为 4.4 年 [2]。由于社会保障的压力越来越大，如今进入劳动力市场的人需要做好大约工作 50 年的准备。这意味着在他们的整个职业生涯中，他们会多次更换老板。

新老板肯定不想要一个技能过时的员工，这个事实导致很

---

[1] 经合组织统计（网址略）。
[2] 劳工统计局，2012 年 9 月 18 日（网址略）。美国使用中位值，经合组织使用平均值，因此这两个数字没有直接可比性。

多员工都处于劣势，他们要么在已经消失的行业中学到了技能，要么自己的工作被外包给了其他人。1842 年的英国，68%的工作都集中在农业、渔业和制造业上；到了 2011 年，上述行业的工人只占工人总量的 10%，而 81% 的劳动力都集中在了服务业上。过去 50 年，英国四个行业（造船、炼钢、采煤和服装加工）大型雇佣方的雇佣水平变得越来越低，如果身处衰退行业，你就无法用旧的技能为新雇主工作，你需要学会新技能。

一辈子只依靠一个老板，这很危险。富时 100 指数（FTSE 100）创立于 1984 年，组成股指的都是英国最好、最强的公司。总共有 251 家公司进出过这个指数，只有 19 家公司从指数成立后便一直存在，其他公司不是被超越就是被淘汰。美国也表现出了同等的创造性破坏，在 1955 年"财富 500 强"第一次评选出的 100 家公司中，只有 15 家现在还留在前 100，几乎没有人能够提前 40 多年预测哪家公司会繁荣发展，哪家会倒闭。所以，不要依赖老板，而是要依赖自己的就业能力。

进入组织的不同层级，生存和成功的规则也会发生改变

我们在前面说过，在组织内一个层级上的成功可能会成为进入下一个层级的障碍。研究数据能够反映个中原因。我问过不同层级的领导者，想知道他们对各个层级最优秀的领导者有什么期待。表 7-1 展示的就是他们的期待。

表 7-1　组织内对各层级领导者的期待

最高层	中层	基层
远见	激励他人的能力	努力工作
激励他人的能力	决断力	主动性
决断力	行业经验	智慧
应对危机的能力	人际资源	可靠性
诚实正直	授权能力	志向

　　随着社会的不断前进，生存和成功的规则也会发生改变。而对于不改变的人来说，这就是灾难。开启职业生涯时，你大概需要学会一项技能，例如做买卖、教书、会计，甚至可能是制作 PowerPoint。没人期望你能改变世界，但人们会期望你努力工作，成为一个主动而可靠的员工，有足够的智慧应对小型危机和挫败。你还需要有野心（不仅对自己，而且对自己的团队也该如此），这是高期望值的核心。

　　这些期待与中层管理者完全不同。此时，你仍然需要像基层员工一样努力工作、主动和可靠。但你还需要另一套与管理和组织有关的技能：激励、构建人际关系网、授权下属，以及决断。一个长期依靠努力工作和可靠这些最初成功"公式"的基层管理者，在应对中层管理工作时注定失败，因为他们仿佛突然变得懒惰与不可靠了。他们失败的原因是不知变通、不了解成功的新规则。在大多数情况下，没人告诉他们规则已经发生了变化，他们也很难接受到有用的培训，只能在潜移默化中学习，但当很多人终于醒悟时，却为时已晚。

蝴蝶领袖

蝴蝶一生要经历多个阶段，每个阶段都与前一阶段有着明显不同，从卵到毛虫，从蝶蛹再到蝴蝶。一个生物会经历完全不同的形态，领导者也是如此。一次职业转换是不够的。为了成为卓越的领导者，一个人需要不断地重新改造自己。你不能永远保持不变，不论在基层、中层还是高层，你需要在每一次变换层级时改变自己。生存和成功的规则在每一个层级都不尽相同，你必须随之改变。

进入最高层的同时，你必须拥有远见。这让我们联想到了"高瞻远瞩"这个概念。"远见"不是委员会凭空想象，然后花上几个月时间斟酌出来的华美词句。"远见"只是对期望的简单陈述。最出色的"远见"不过是一个由三部分组成的故事：

- 这是我们现在的位置；
- 这是我们前进的方向；
- 这是我们实现目标的方法。

如果想让自己的"远见"更鼓舞人心，你可以再增加第四部分：

成长型思维：
从平凡到优秀的七种思维模式

○ 你在这个过程中会扮演非常重要的角色。

如果会讲故事，你就能创造出"远见"。如果能加入个人情感，让每一个与你见面的人都感同身受，你就会更有说服力。一个为取悦客户、让他们满意并留住他们的"远见"，对一个清洁工来说就没有多大意义；可如果厕所很脏，客户就不会开心。只要你有意愿，你就能让任何阶层的任何人重视你的想法。你需要创造一个对任何人都有意义的故事。一个最大化股东价值的想法显然对高管有着重要的意义，因为他们的奖金与股东价值挂钩。但同样的想法对零售一线的员工来说就没有多大价值，在他们看来，那只是老板说出的另一堆没用的漂亮话。

让我们回到蝴蝶这个话题。蝴蝶一生会经历奇迹般的转变，可蝴蝶和初期的毛虫始终是同一个物种。领导者的蜕变过程也遵循这个道理，优秀的高层领导者和其最初作为出色的基层领导者时还是同一个人。基层领导者会主动开发自身潜力，做好从零开始转变与进步的准备。

学习新角色并非从进入新角色时才开始，而是应该从第一天工作起就开始。也许你只是一个三人小组的领导，但你仍然可以培养出以下高层领导者所需的技能：

○ 设立一个目标；
○ 激励团队；
○ 果断；
○ 应对危机；

○ 做一个诚实的人。

真正的成长型思维，在于不断学习，不断关注未来，尽早确定未来所需的技能，现在就要着手学习。好消息是，和其他思维模式一样，不断成长的思维模式并不会把你训练成超级英雄，重要的是练好基本功。能做到这一点，你就能脱颖而出。尽管人们总是在说追求卓越，但很多时候，成功只是因为你比同事更称职而已。

当你查看自己在前面的章节中对各个层级领导者的期望时就会发现，没人期望你成为伟人，人们只是希望你更专业。人们对基层领导者的期望看上去很低，但是在现实中，这些却是筛选优秀领导者的前期标准。在这个层级中有大约三分之一的人无法满足那些期望，具体可见表 7-2 中的内容。尽管只是小障碍，但很多人还是无法跨越。只要跨越了这些障碍，你的面前就是平坦大道。

表 7-2　每个层级满足领导者技能要求的领导者比率

最高级	中级	基层
远见（61%）	激励他人的能力（43%）	努力工作（64%）
激励他人的能力（37%）	决断力（70%）	主动性（57%）
决断力（47%）	行业经验（70%）	智慧（63%）
应对危机的能力（56%）	人际资源（57%）	可靠性（61%）
诚实正直（48%）	授权能力（43%）	志向（64%）

成长型思维：
从平凡到优秀的七种思维模式

随着地位的不断上升，满足度的比率在不断下降，但人们往往错以为是在上升。有超过 70% 的最高层领导认为自己在激励团队方面相当出色，但只有 37% 的团队成员认同他们的观点。几乎没有人敢于向老板说出真相，所以老板们总是处于快乐的无知状态中。成长型思维更有挑战性，你需要不断地问自己，如何才能表现得更好、学到更多东西。

在管理界，表现优秀其实是个很模糊的概念，因为评价工作表现的方法实在是太多了。其他人的反馈也会加剧这种模糊性，这意味着我们得不到有效的反馈。体育则不一样，运动员优秀与否的界限很明确，你只会得到输或赢这两种结果。外界的反馈也非常及时。"未来领导人"项目的 CEO 西斯·蒙克（Heath Monk）谈起自己出色的校长时说出了下面的一番话。

因为曾经做过运动员，所以他非常擅长学习。在体育领域，你随时都能得到及时的反馈，但不能找借口。在打高尔夫球时，球是静止的，你不能责怪他人。作为校长，他总是在问："我做得怎么样？怎么才能做得更好？"大多数人听到反馈意见后，会有受到伤害、产生戒备，甚至萌生自己被侮辱的感受（即便他们不会公开承认自己有这些感受），但他能够毫无障碍地接纳他人的意见，并立刻着手改进，因为他认为那是提高自己水平的绝佳机会。

运动员专心投入训练，商人们却总想避免培训。这也能解释为什么那么多领导者在团队成员的心目中口碑那么差（见表

7-2）。部分原因在于，人们把参加培训视为脆弱的表现，"如果我去学习如何激励别人，这肯定说明我在这方面很差。"但成长型思维截然相反，"我不擅长这个问题……这是暂时的。"不断成长的思维模式认为，培训是锻炼能力、提高表现的机会。对很多人来说，随着职业地位不断提升，成长型思维会渐渐淡化。初入职场时，没人介意发展机会，也不会有人在乎别人是否邀请你去培训。随着时间推移，经理人的防备心会越来越强，参加培训课程、"展示自己的脆弱"会让他们感到尴尬。

　　卓越领导者总是拥有最强烈的好奇心，他们愿意学习、愿意成长。例如 Teach First 项目中负责毕业生招聘的詹姆斯·达利（James Darley），他用十年的时间将一个小型慈善组织转变为英国最大的毕业生招聘平台，很难想象一个慈善机构居然能将银行、咨询公司和其他一些知名公司比下去，可詹姆斯·达利做到了。在市场上趋于领先后，你可能会放松下来。但詹姆斯是这么做的：

> 　　我去了 ASOS，找到了它们成为服装零售业领头羊的原因——因为它们优质的客户服务。我想学习它们的经验，不断提高我们的客户服务，尽管我们已经是唯一一个不会筛除任何应聘者的机构了（当应聘者开始申请时，他们会接到我们的电话，询问在填写表格时是否需要帮助）。其他招聘机构都会筛选，它们利用筛选减少应聘者的数量，而我们是唯一一个选拔对象的招聘机构。我们还想做得更好。

成长型思维：
从平凡到优秀的七种思维模式

　　成为第一后，最优秀的领导者不会问："怎样才能守住这个位置？"他们会问："怎样才能做得更好？"他们会寻求一切可以提高自己的方法。

表 7-3　不同等级的领导如何改变

	最高层	中层	基层
角色	带领人们实现远大目标	让不受你管辖或者你不喜欢的人完成工作	完成工作
投入期限（最大 / 最小）	五年 / 今天	六个月 / 今天	一个月 / 今天
技能偏向	人、战略、投入度	人、政治	技术

　　表 7-3 就是一个人 40 年职场生涯的缩影。如果初入职场的毕业生觉得 40 年太过漫长，我就会拿出这份表格。这份表格也展示了蝴蝶效应，即随着社会的不断发展，你周围的一切都在发生改变。你的角色改变了，你的技能改变了，你的投入期限也改变了。如果想让自己的职业生涯加速发展，你就需要尽快学会最高等级的技能。如果能从老板的角度看待问题，如果理解他们的想法，你就能更好地预测并回应他们的需求。和他们说同样的话，你就是在展示自己是他们中的一员。你会破解他们的密码，打开他们的大门，加入他们。用查尔斯·达尔文（Charles Darwin）的话说："能生存下来的并非是最强壮的种族，也不是最聪明的种族，而是面对重大改变时最会调整的种族。"

思维的"监狱"阻碍了我们的成长

不断成长的思维模式的核心，就是学习与调整。第一眼看上去，对于不断成长的需求度似乎不像勇于行动、坚韧不屈和志存高远这些思维模式那么高。在现实中，成长型思维会逐渐消失。看看学习走路的婴儿，他们会不断摔倒，不断爬起来尝试，这是坚韧不屈，是学习与成长的决心。可即便在那么小的年纪，人们面对高期望时也会表现出厌恶，他们用怀疑的态度面对不熟悉的食物，甚至会直接拒绝，他们会直接选择自己喜欢的东西。但是从摇摇晃晃的小婴儿到两鬓斑白的职场老手，"学习"似乎逐渐消失在了人们的字典里。

我们应当拥有成长和提高的意愿，但我们的思维总是局限在阻止我们成长的四座"监狱"之中：

（1）成功的监狱；

（2）过去的监狱；

（3）表现的监狱；

（4）恐惧的监狱。

这些"监狱"都是致命的，因为它们隐藏在我们的思维之中，是无形的，我们不知道它们的存在，不知道自己已经被困在了其中。好在你是可以逃离这些监狱的，逃离这些监狱的钥匙有两把：第一，你要认清它们的存在，否则我们就无法逃离；第二，就是拥有一些可行的手段，帮助自己从一开始就避免进入这些监狱。这部分讨论的就是如何认清这些监狱的存在。

成功的监狱

　　这是一座奢华的监狱。一个人越成功，监狱的围墙就越坚实。如果你是一个业绩良好的 CEO，这时一个专家跑来让你学习如何提高，你当然不会给他好脸色，因为现实中的业绩总比理论更重要。紧接着，世界改变了，经济形势从增长变成了衰退，突然间，你发现自己多了很多打高尔夫球的空闲时间。如果不能做出调整，你就只能出局。

　　我们知道，生存和成功的规则在整个职业生涯中不断变化着。只有调整适应，你才能不断取得成功。体育世界中的领导者最能说明这个问题。在很多运动项目中，最优秀的运动员很少能成为最出色的教练，而最出色的教练通常都是很一般的运动员。在管理事业不断进展的过程中，每个人都会经历从球员到教练的转变。

　　假如一名足球运动员被要求担任球队教练，那么他现在既是球员也是教练了。意识到自己的责任越来越重后，他做什么事都会更努力，例如多跑步、每一次铲球都要到位、传好每一个球、把握每一次进球机会。但他最后还是被炒掉了，因为球队上下感到困扰、士气低落，球队不断输球。

　　教练这份工作，不要求你多跑步，不要求你铲球到位，也不是要你把握每一次进球机会。教练的任务是选择球员，制定战术，了解竞争状态，发展所有球员。到了比赛日，教练距离球场最近的地方就是边线，他可以在那里挥舞手臂、大声喊叫、和裁判争论。做球员和做教练是两回事，你必须适应新的角色。

希望你现在的工作做得很成功。但如果想逃离成功的监狱，你就需要为下一份工作做好准备，你需要知道自己未来应该做什么，了解自己需要掌握哪些技能。现在就着手准备与调整。

过去的监狱

大多数人都会放任自己慢慢成为老古董，我们甚至不知道自己正在逐渐僵化。这里有一个小测验，想想你最喜欢的音乐、电影和书籍。如果音乐和美好的经历联系在一起，我们就会储存情感记忆。那些都是宝贵的记忆，我们会在大脑中不断回放那些音乐。如今几乎人手一个的音乐播放器显示了这些联系的强劲程度。我们最喜欢的音乐重放的次数越多，相应的记忆与情绪在大脑中的印象就越深。但情绪并非记忆或学习的可靠方式。研究显示，情绪会阻碍人们的观察能力，目击了犯罪行为的证人对行凶者使用的武器记忆犹新（那属于犯罪现场的情绪部分），但很多人记不清事件的经过。我们依附于过去，但过去却是前往未来路上最差劲的向导。

不同时代的人对音乐有着不同的喜好。很多人的偏好都是在 25 岁或 30 岁前确定的，这让不少乐队到了 50 多岁时仍能够焕发第二春，因为那个时候，粉丝的年龄也大了，积累的财富更多，有足够的时间和经济能力再次去听他们的演唱会。你不需要用成为"小鲜肉"的粉丝证明自己拥有成长型思维。学习新技能、发现新的休闲活动、督促自己尝试新事物，如此一来，你不仅拥有不断成长的思维模式，你还会更加享受生活。

表现的监狱

每个人对"表现"都有不同的定义，下面列出的几条就是有关它不同形式的定义：

- 实现目标；
- 不偏离轨道；
- 不要搞砸；
- 做出评估；
- 确保合规；
- 改进。

这可能不是最激励人心的企业文化，但却很有可能产生效果。人们会交出工作成绩，拿出应有的表现；但他们可能无法学习、改变，发挥更大的潜力。这是一种力求稳定的心态，自然适合一个相对稳定的环境。

表 7-4 展示了另一种"表现"，你可以确定自己和所在组织属于哪一种。

表 7-4　表现在不同环境下的定义

相对稳定的环境	充满活力的环境
实现目标	超出预期
按照既定程序做事	目标明确，程序灵活
不要搞砸	尝试、学习、调整
做出评判	鼓励发展
确定服从命令	确立专注精神
改善	改变

似乎成长型思维和"稳定"极为对立，但如果放在合适的背景下，我们需要的其实就是稳定性和确定性。如果你负责发放福利，"公平"的关键，就是稳定和确定，领取救济的人需要知道自己将得到什么；如果你是监管机构成员，稳定更是至关重要的，你不能随意变动程序和事项，除非你是那种能迅速获得大量财富的"神秘人物"。

社会的绝大多数构成要素都已经从稳定走向了不断变化。在这个背景下，注重表现的思维模式就变成了一座束缚着我们的监狱。过于注重自我的"表现"会阻止我们前进、学习和自我提高，我们做某项工作的熟练度变得越来越不重要了。20世纪80年代到90年代，西方很多产业在与日本的竞争中败下阵来。日本人靠的不是低成本，在东京吃过饭的人都知道，在看到账单时，他们甚至不知道自己到底买的是饭还是整家餐馆。日本在消费电子产品、汽车、堆运土设备、办公器材和其他更

成长型思维:

从平凡到优秀的七种思维模式

多产业上都取得了成功,根本原因在于他们改变了游戏规则。他们不只提高了自我,也改变了规则。

举个例子,施乐公司曾经在复印产业拥有不可动摇的霸主地位,几乎每一间复印室里都有这个品牌的机器。其他品牌无法与施乐竞争,因为施乐通过服务租赁牢牢抓住了所有客户,他们掌握了全部技术和基础设施。佳能则改变了规则,他们关注的是分销式复印,他们将精力转移到个人办公桌上的小型打印机上。这些打印机小而便宜,尽管速度有点慢,但在需要时打印两三页内容还是非常灵活方便的。与此相对,集中式复印就像史前恐龙一样古老①。注重表现的思维方式与注重过去成功的思维方式紧密相关,从这里出发,他们关注的是如何提高集中式复印机的打印速度。表现可能提高了,但施乐公司却差点破产。

表现的监狱具有迷惑性。关注表现似乎是所有管理者都应该做的事情,但是在一个不断变化的世界里,当对手改变规则时,仍然只关注表现的我们就会成为多余的人。恐龙无疑曾是地球上最强大的生物,直到气候发生了改变。我们如果要保持领先,只靠更加努力、跑得更快是无法实现这个目标的。我们只需要跳下跑步机,买辆自行车,改变规则,让规则有利于自己。用英特尔公司 CEO 安迪·格鲁夫(Andy Grove)的话说:"只有偏执狂才能生存。"也只有偏执狂才能在必将改变的世界

---

① 智人存在了约 20 万年;恐龙则存在了 2 亿年,直到 6600 万年前尤卡坦半岛或同时期德干高原发生变动(两种变动都让气候发生了剧烈变化)。

中赚到大笔财富。偏执是逃离表现这所监狱的方法之一；另一种方法就是学会成长与调整。

恐惧的监狱

这所监狱太糟糕了，说它是地牢也不为过。我们都知道它的存在，只是不想承认罢了。当然，没有人愿意进入那里。恐惧的监狱里充斥着对失败的恐惧，这种心态甚至有了专有名称——失败恐惧症（atychiphobia）。如果想知道这所监狱到底有多糟糕，你可以试试称某人为"失败者"（慎重考虑一下，如果你重视自己的事业和人身安全，还是不要尝试了）。事实是，没人想被打上"失败者"的标签，没有人愿意失败。但这种心态阻止了我们尝试新事物，无法让我们从失败中学习、重新站起来。对失败的恐惧阻止了我们成长。

恐惧的监狱源于我们对以下三个方面的认识。

1. 赞美。对恐惧的训练很早就开始了。赞美的破坏力堪比批评。老师们都知道，如果你表扬一个小孩子取得的成绩，他们就会不停地做同样的事情，因为那会让他们得到表扬。如果老师表扬的是孩子付出的努力，那他们就会明白，是努力让他们得到了表扬。努力更有可能引导孩子成长和学习，而不是简单地重复过去的某项工作。想要拆掉这堵墙，就要赞美他人付出的努力，而不是其取得的成就，你要知道，这才是成长的方式。

2. 完美主义。完美主义并不一定是坏事。在建造西斯廷教堂及其他杰作时，米开朗琪罗没有走任何捷径[①]。同样，音乐家需要完美的作曲能力。但高标准和极端完美主义（即正常表现和神经质）是不同的。极端完美主义只接受非黑即白。除了满分，他们不接受其他结果，他们要求完美的结果。极端完美主义会引起三种类型的伤害，因为这会导致：

- 当无法取得完美结果时，个体的信心和自尊受损；
- 因为有无法取得完美结果的可能，所以回避挑战；
- 悲伤和痛苦，例如因为一个喝醉的亲戚或餐巾的颜色不是你想要的淡蓝色这些小问题，你的完美婚礼就这样被毁掉了。

3. 竞争。谁都不想失败。大多数人都有优越感，我们倾向于认为自己比同事更优秀。如果有任何迹象证明我们不如同事优秀，就会对我们造成毁灭性的打击。企业评价机制认识到了这个问题，所以 80%~90% 的员工在这种机制下的得分都会高于平均水平。由此导致的结果是，我们避免了竞争，但同时也避免了学习。我看到成绩糟糕的学生拒绝接受教育，他们认为那是浪费时间——他们不想在学校做失败者，所以他们致力于在其他方面取得成功。这是一种自我强化。他们落后得太多，这加强了他们所认为的"教育无用"的观念。管理者可能不至

---

① 米开朗琪罗在这个工程上花费了四年时间（1508—1542）。为屋顶作画是份非常让人痛苦的工作，这还是湿壁画——难度更大。而且米开朗琪罗的身份更多的是雕塑家，并非画家。但没人会拒绝教皇的邀请，尤其是尤利乌斯二世这个"勇士教皇"。

于做出像在房间里摔椅子这样的失职举动，但他们通常会避免参加培训，因为他们不想冒险表现出自己的不完美。

知道这些监狱的存在，至少能提醒我们关注其中的风险。只要知道它们的存在，我们就有机会避免陷入困境。但是为了逃离、躲避上述监狱，我们需要为自己设计一套积极的程序。我们需要构建不断成长的思维模式。下一部分讨论的就是这个问题。

如何构建不断成长的思维模式

所有的思维模式都是习惯问题，不断成长的思维模式也不例外。你可以把不断成长的思维模式看作一种成长的循环，如下图所示。成长循环的四个阶段是：挑战、测试、学习、适应。下面我们依次论述。

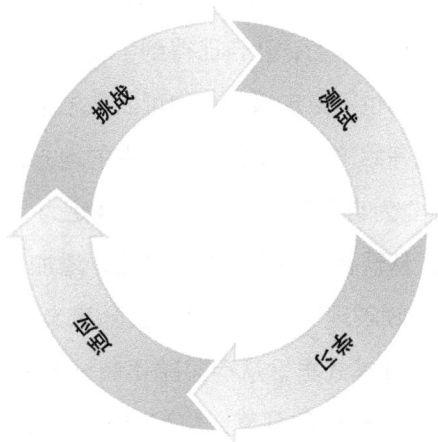

成长型思维：

从平凡到优秀的七种思维模式

挑战

第一步就是挑战自己。这里说的不是踩着弹簧高跷攀登珠峰那种疯狂的挑战。这里说的挑战更平和，但会持续出现。你可以认真思考下面的四个问题。

（1）如何找到新目标？
（2）如何提高？
（3）怎样才能改变？
（4）如何才能尝试新事物？

如何找到新目标

一个有益的挑战能够迫使你打破常规。当我一句日语也不会说时，我曾接到过前往日本开创一项事业的邀请。理智的做法是拒绝这个邀请，因为我显然无法胜任这份工作。可通过接受挑战，我强迫自己学习，让自己得到了发展。重复过去的做法是行不通的，但你也不必走极端。你可以从思考三年后自己希望担任的理想角色开始（可以是你现在所在的地方，也可以是其他地方），将其确立为自己的新目标，然后确定为了实现理想所需的技能和经验，从现在开始学习这些技能，增加自己的阅历。

简单的"绩效表现"目标并没有实际意义，它会让你局限在绩效表现的思维模式里，从而忽略不断成长的思维模式。如果你的目标是少用 10% 的预算，你可以努力工作，也可以在账簿上耍些小聪明，但你不会学到新的东西。

你应当树立高远的志向，想象一个完美的未来，直到确定了目标，然后再为之努力。你不需要冒险追求戏剧性的飞越，确定什么是成功后，你可以悄悄地培养成功所需的技能。你不必立刻离开舒适区，做好准备后再离开也无妨。与其一下子跳进深水区，还不如先在浅水区学会游泳，这样你才能享受跳水的乐趣，而不是害怕。

如何提高

这是一个不断改进的过程，日本人称之为 kaizen（持续改善）①。"持续改善"的关键不只是改善质量，而在于学会消除浪费——包括重复工作和过度工作这样的浪费。在接下来讨论"学习"的部分，我们会研究如何专注于个人持续改善的问题。

怎样才能改变

如果改进是渐进式前进，那么改变就是大步跳跃，你需要广泛寻找灵感。你的灵感可能源自书籍，或者源自工作内外的榜样，也可能是来自其他行业的人或事。回忆一下詹姆斯·达利是如何通过考察 ASOS 服装公司的客户服务，将自己的毕业生招聘标准提高到全新高度的。越仔细观察，你就越能在最不

---

① kaizen 的意思就是"好的改变"，如丰田所推崇的，这个概念已经与加工产业的不断改进联系在了一起。

可能的地方获得灵感。当我躲在灌木丛中时，我意识到，原始部落成员可能比绝大多数人都了解在资源稀缺的恶劣环境中应当如何生存并取得成功，可原始部落中并没有 IT 或人力资源这些职能部门。组织化支持可以帮助我们维持工作和生活，但有时我们也会受困其中。通过在全世界范围内进行的七年研究，我选择了一个全新的角度看待领导力这个问题。

如何尝试新事物

不要让自己的思维止步。不要只依靠青春时期的记忆，你要为自己的未来创造新的记忆。尝试新事物，例如听一张新出的音乐专辑，看一场新上映的电影，去一个从没去过的地方，参加一场新颖的活动，结识新朋友……你会感到喜悦，也会感到恐惧。你要让自己生活在一个多彩的世界里，不要非黑即白，更不要沉浸在泛黄的过去之中。工作之外的生活方式会影响你的工作方式，如果你敢于在工作之外尝试小有风险的事情，你就更有可能在工作中创新。尝试的新事物越多，你学到的就越多。

测试

遇到挑战后，你需要想办法应对这些挑战。如果想在书里寻找工作中含糊又复杂的问题的答案，你会发现自己做的是无用功。如果不能在理论上设计完美的解决方案，你就必须在实践中寻找有效的解决方案。

假设你有一个坏脾气的老板（悲剧的是，老板没有用户指南，更别提保质期了），你不能靠故障检测修复他的坏脾气，所以你要向自己提出一个挑战，看看能否让老板在面对你时不那么暴躁。

确定有效方法的唯一途径，就是测试不同的应对老板的方式。例如观察其他团队成员或同事同老板打交道时的状态。也许你的老板面对其他人时脾气会好一些，那就找出他们哪里做得和自己不一样，或者直接询问他们的意见。也许你会学到一定不要在午饭后见面，也许你会了解棒球，也许你会变得更加热情。尝试不同的方法，直到找到持续有效的方法为止。

学习

不断成长的思维模式要求我们不断学习，这并不意味着你每天都必须参加培训。往往我们最珍贵的经验教训都是自己总结出来的，而不是由其他人向我们展示的。如果靠自己寻找，我们便会发现自己想学习的东西，我们可以独自学习，也可以和众人一起学习。无论在何种情境下（会议结束时、打完一个重要的电话或一天结束时），你都应该问自己两个问题。

○ WWW：哪些地方进展顺利？
○ EBI：如果……是否会更好？

成长型思维：
从平凡到优秀的七种思维模式

当事情进展顺利时，WWW 必不可少。我们往往不会去想这种问题，因为我们常常以为事情就该这样发展。在现实中，你已经做过的事情才是良好结果发生的原因，确定自己做得好的地方，明白自己为什么成功，这不只是建立自信，也是在充实有用的知识，这样你才能取得更多的成功，发挥自己的强项。

当进展不顺时，WWW 也是必不可少的。面对挫折，人们自然会把重点放在出错的环节上，这会迅速演化为无休止的郁闷和指责，这毫无意义。专注自己做得好的地方，关注在未来可能对自己有所帮助的任何希望。

EBI 是对"哪里出错了"这种常见问题的回答。"哪里出错了"这种问题会引发指责，EBI 则能让人们进行深入讨论和行动，它会迫使你思考未来应该如何把事情做得更好。这是一个具有学习意义的问题，而不是一个质询式的问题。

WWW / EBI 不是偶尔才能用得上的工具，这是一个你始终都能派上用场的工具。我认识的最优秀的销售人员，每次打完电话后都会使用这个方法，他总想学习和提高自我，即便他已经是这方面的大师了，但他仍然发现自己犯下的大部分错误都是低级错误。不用说提高了，想要保持领先地位也是一个不断斗争的过程。为了保持巅峰状态，顶级音乐家、运动员和表演者从不停止练习和学习。

在这个永不停止的学习过程中，我们可以采取不同的方法，以下就是几个例子。

（1）找一个教练，让他定期督促你学习。

（2）组建一个团队汇报系统，每一个重要会议后使用 WWW /
　　　EBI 进行汇报。你可以会后在走廊里或者在走向停车场的
　　　过程中完成这个汇报，不需要占用额外的时间，充分利用
　　　零碎时间即可。让自己和团队养成习惯。

（3）写日记，每天或每周写一次：用其他方法使用 WWW /
　　　EBI。

（4）在一天结束的时候花五分钟时间反思 EBI / WWW。

　　假设你有一套系统的方法，这套方法是什么并不重要，重
要的是一旦习惯成自然，你就会一直执行下去，甚至连清理洗
碗机、停车和修剪草坪，都要找到最好的方式。你不需要把这
种思维模式灌输给全家人，只要让他们享受你能让家庭生活变
得高效而有序这个事实就足够了。

　　除了自己，你还要让整个团队都采用这种学习方法。成长
循环是帮助团队成长、提高和达到巅峰状态的好方法。这就意
味着，在给出反馈意见时，不要从评估的角度出发，而应该从
发展的角度进行。评估只会告诉人们做得好或不好，不会引导
人们去学习。评估结果好会招致自满，人们认为没有学习的必
要了；糟糕的评估结果又会引发冲突。我们应该把重点放在对
"发展"的反馈上，可以采用 WWW 或 EBI 与其他人就成长和
发展进行有意义的对话。

成长型思维：
从平凡到优秀的七种思维模式

适应

除非付诸实践，否则一个人的学习没有多大的意义。知道未来要付诸实践也会让你在学习及团队汇报中拥有额外的动力。既然已经尝试过了 WWW 和 EBI，你还可以继续深入。

- 我们还能继续做哪些事情（WWW）？
- 我们在未来会改变哪些做法（EBI）？

这就像优中选精一样。你可能同时拥有激进的想法和简单的想法，一定要先从简单的开始着手。通过初期的成功建立信心，才能让你更快地提高。

你的心里有一种冲动，想把激进的想法归入"难度太大"或者"风险太大"这些类别中，这是在浪费时间。最大胆的想法可能会带来最大的改进，但同样也伴随着最大的障碍，例如时间、精力和风险。如果你有了一个大胆的想法，那就投入自己的全部精力。首先，你要找出执行这个想法的所有好处，思考如果如你所料，情况会有怎样的好转？谁会从中获益？然后衡量收益规模，如果收益足够多，你就值得付出精力。

将宏大的创意拆分成几个较小的组成部分。你不必拿自己的事业去打赌，走入一个完全未知的领域。也许第一步只需要与一些人交流，从而进一步测试你的想法；或者征求专家和行业大佬的支持。学会化困难为简单，小步前进总比大跳跃简单。

调整了实践和工作方法后，你就完成了挑战、测试、学习和适应的成长循环。当然，成长循环将永远持续下去。一旦拥有了新的工作方式，就意味着你要再一次提出挑战，看看自己能否获得进一步改善。

要点梳理

成长型思维为什么重要

/ 今天有用的技能，到了明天也许就没有用、没那么重要了：工作外包和科技的发展将改变现有的职业和技能，逼迫我们提高自己的能力。

/ 我们会在一生当中多次更换工作：经合组织国家的平均工作年限大约是 10 年（美国是 4.4 年），而一个人的职业生涯可能会持续 40 年或更长。

/ 进入组织的不同层级，生存和成功的规则也会发生改变：一个层级上的成功模式在下一个层级可能意味着失败。

思维的"监狱"阻碍了我们的成长

/ 成功的监狱：要为新的挑战和生存法则做好准备。

/ 过去的监狱：要为未来而非过去培养新的技能。

/ 表现的监狱：要注重学习，而不是关注成就。

/ 恐惧的监狱：要有勇气尝试、面对失败、学习并成长。

如何构建不断成长的思维模式（成长循环）

/ 挑战：去改进、扩展、延伸、改变，尝试新事物。

/ 测试：尝试新方法，确定哪些方法有用。

/ 学习：每次关键活动后，要使用 WWW（哪些地方进展顺利）和 EBI（如果……是否会更好）。

/ 适应：把从 WWW 和 EBI 中学到的内容付诸实践。

/ 再一次挑战：启动下一个成长循环。

警惕误区
成功思维的阴暗面

成功并不意味着永远受欢迎。你要清醒地认识到，每一种思维模式都有其阴暗面。你必须既要做出艰难的选择，也要坚持自己的立场。了解思维模式阴暗面的存在能够让你有意识地回避它们，同时也能够帮助你理解为什么思维模式的光明面具有如此强大的力量。一句话，认识思维模式的阴暗面，能够帮助你避免陷入阴暗面而无法自拔。

成长型思维：
从平凡到优秀的七种思维模式

电影中最强大的英雄也有其阴暗的一面。"天行者"卢克的父亲是达斯·维德；分院帽想过把哈利·波特分入斯莱特林学院；被《指环王》里魔戒控制的既有坏人，也有好人。实际上，大多数人没有像达斯·维德这样的老板（虽然有时候你会产生这样的错觉），每一个领导者都有阴暗面，没有人是完美的。

阴暗面以两种形式出现：一种是残酷的恶魔，另一种是成功的七种思维模式。这就像硬币的正反两面。翻开任何一种思维模式的光明面，你同时也会发现它的阴暗面。除非心里有数，否则你将无法保证自己不陷入阴暗面。你甚至还可以利用阴暗面。下面让我们深入了解一番吧。

冷酷型领导

采访领导小组成员时，他们毫无例外地都表现出了和蔼、慷慨的一面。大多数人不愿意被看作是冷酷无情的人，他们认为领导者不应该是冷酷无情的。一位校长描述了自己是怎样炒掉一个相识 20 年的部门负责人的经历："这个负责人本身不错，但他不够优秀，会拖学校的后腿。"就这样，这个部门负责人被炒了，两人的友谊也因此而走到了终点。这名校长和其他领导小组成员都坚决否认自己是冷酷无情的人，用她的话来说："冷酷无情的人就是混蛋，他们挑剔别人，责怪别人，解雇他人，以便让自己逃避责任。"

领导者可能不喜欢被贴上冷酷无情的标签，但在实际行动中，他们并不介意成为冷酷的人。他们可能不喜欢"冷酷"这个词，而"强硬"这个概念更受他们的欢迎。

（1）"做好为自己辩护的准备，在遇到反击时不要妥协，坚持你的立场。"

（2）"公平存在不容变通的一面，说出真相，你可能会变得不受欢迎，人们不喜欢真相。"

（3）"他们（领导者）应当做棘手的事情，例如与教师、家长和孩子进行艰难的对话……但领导者的最大弱点之一，就是回避这些对话。"

（4）"最优秀的领导者既冷酷，又富有同情心，就像一个既无情又有同情心的优秀教练一样。他们会说狠话，但他们说那些话是为了帮助你。"

（5）"每一个领导者都是专注和冷酷的。你不能跑题。即使我喜欢一些人，如果他们不能完成任务，他们也必须被炒鱿鱼。"

（6）"领导者不得不拥有阴暗面。'做个好人'和'被人喜欢'不是重点，你必须做好准备，做一些你不想做和不喜欢做的事情。"

领导者的困境

世界上第一次稳定且大剂量地生产盘尼西林，还是在第二次世界大战期间。第一批次的药物非常宝贵，数量也很少。1943 年，一大批盘尼西林被运送到了北非，当时正值蒙哥马利（Montgomery）领导的英军抵抗隆美尔（Rommel）率领的德军的关键时候。众所周知，盘尼西林是治疗花柳病（淋病）的快速且有效的药物。这种药物也有可能拯救在前线受伤的士兵，但这需要大剂量的盘尼西林，而且治疗结果也存在很大的不确定性。有些受伤的士兵可能立刻死亡，其他受伤的士兵或许能康复，但也无法继续战斗了。

军队因此面临着一个问题。他们应该拯救战斗英雄，还是治疗那些在开罗和亚历山大港寻花问柳的士兵？你会怎么选择？拯救士兵还是治疗花柳病？

他们征求了伦敦总部的建议。丘吉尔的回复如下：用在"取得最大军事优势"上——尽快让更多的士兵重回前线。所以英军用盘尼西林治疗得了花柳病的士兵，而受伤的战斗英雄只能听天由命。

如果致力于完成使命，你就会成为一个冷酷无情的人。

阴暗面是一个既让人感到难以应付，又让人感到困惑的领域。这里没有简单的黑与白、善与恶。反社会者会衬托得达斯·维德像一个圣洁的牧师，这是一个极端；而另一个极端，则是做一个保持专注与强硬的高效领导者。这两个类别之间没有明显的分界线。

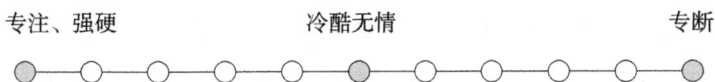

专注、强硬　　　　　　冷酷无情　　　　　　专断

○─●─○─○─○─●─○─○─○─○─●

　　专注和强硬的态度是任何领导者必备的素质。本书中所谈到的每个优秀领导者的强硬态度，都来自于他们对使命的关注。他们关注的并不是自己的地位，他们关注的是"组织"这个整体目标。这是他们与"唯一使命在于自己"的专断型领导者的关键区别。对使命毫不动摇的专注，驱使领导者做出明知不受欢迎且他们自己也认为进展困难的事情。例如，在我做指导的过程中，我了解到一些管理人员第一次需要做出解雇决定时所做的挣扎。他们知道自己的解雇决定会严重影响对方的事业和生活，他们因此感到痛苦。他们做出的那些决定不是因为刻薄，而是因为使命和任务需要他们这么做。

　　最优秀的领导者需要在四个方面保持强硬的态度，这是成功的四个先决条件。在任何一方面有缺失，你都会陷入挣扎和痛苦之中，所以不能妥协：

（1）正确的目标；
（2）合适的团队；
（3）正确的表现；

（4）合理的预算。

正确的目标

如果有 16 个目标，你可能会成功一部分，失败一部分，你可以大声地宣扬成功，而对剩余的部分闭口不谈。这是在职场生存的好方法，但这并不是在"领导"。领导者能够创造焦点，让一切问题清晰可见。例如，你是校长，每天需要应对数不清的目标和要求，如学生的日常行为、读写能力、算术能力要达标，需要给有特殊天赋的孩子或有特殊需要的孩子提供特别的课程，需要家长参与，要倾听学生的声音，要有社区凝聚力，还得把英语当作非母语来教学……这样的例子不胜枚举。下面是一位校长针对这一切问题的回应。

一所小学决定只做两件事，在超过两年半的时间里，学校把所有精力集中在两件事上：第一，追踪每一个孩子的情况，每半个学期向校长汇报一次孩子的情况，让失败不再有藏身之地；第二，关注对教师团体的培训和指导。

第一年，他们第 4 等级[①] 考试的通过率从 53% 提高到了 85%；第二年，通过率达到了 100%（全国平均只有 75%，并

[①] 英国小学生的教育考试标准是等级 4。

且他们提供 100% 的免费校餐）。这位校长本可以做些其他事情，例如听取学生意见、进行课程改革或行为管理，做那些事的难度更小。但是他的目标非常明确，即使所有教师都因为工作负担增加而激烈反抗他的做法，他也没有退缩。

正确的目标是以强硬态度去领导的基石。如果你对自己的目标有信心，这将驱使你在你的团队和表现中克服一切困难。如果你追求的目标很多，你就会被众多模棱两可的事物所迷惑。

有了目标后，不仅自己要投入，你还要保证团队中的其他成员也专注于这个目标。在漫漫的历史长河之中，领袖们使用过戏剧性的方式坚定自己和追随者的信心。这里有两个例子。

- 跨越卢比孔河。公元前 49 年，当恺撒大帝越过这条河从高卢来到意大利时，他打破了禁止将军把部队带入意大利的罗马法律。他和他的部队只有成功和死亡两个结果。
- "背水一战"。这是公元前 204 年井陉之战中由中国古代将军韩信下达的命令——因为他无法后撤回河对岸。和恺撒大帝一样，他也只有成功和死亡两个选择。

作为相对和平时期的一名领导者，你不至于在死亡与荣耀间进行选择，可若是想实现目标，你就必须全身心投入。

---

① 免费校餐（FSM）是社会地位剥夺的一种常见表现：低收入家庭的孩子能得到免费校餐。这同样也是教育挑战的表现：FSM 学生的表现通常低于全国平均水平；FSM 比例 100% 非常少见，只要达到 30% 的比例对于学校来说就意味着极大的挑战。

合适的团队

风险投资家支持的不只是一个伟大的创意，他们支持的是一个伟大的团队。A 级团队提出的 B 级创意将会取得成功，因为 A 级团队总能找到让创意变得更出色的方法；B 级团队的 A 级创意执行起来会遇到很大麻烦。用人类学家玛格丽特·米德（Margaret Mead）的话说就是："永远不要怀疑一小群睿智、专注的人会改变世界。事实上，这是亘古不变的真理。"对于合适的人来说，再大的难题他们也能解决；不合适的人，再小的问题也会搞砸。我们不能靠一个人完成一切，所以组建一支合适的团队至关重要。

软弱的领导人会坚持使用从前任领导那里接手的团队。不做改变的原因有很多，例如，改变有风险，炒掉别人让人痛苦和尴尬，面对同事我们会产生某种忠诚感。高效的领导者忠诚于使命和任务，他们不会因为痛苦或尴尬而不作为，他们总会做出艰难的决定，组建合适的团队。

我们在前面提到过，合适的团队应当是具备以下因素的组合体：

（1）合适的技能；

（2）合适的风格；

（3）正确的价值观。

技能相对容易评估；风格的关键在于寻找平衡；价值观往

往是高效团队和普通团队的分水岭。

正确的表现

正确表现的关键在于说出别人不愿意听的话。如果有人工作完成得很差劲，保持沉默对任何人都没有帮助。软弱的领导者总是避免做这种有难度的事情。然而，进行这种有难度的对话其实有一套方法，其基本原则非常明确。

（1）尽早行动。拖延得越久，情况就越糟糕。

（2）认清事实。如果感到生气或沮丧，那是你的问题，不要发泄在别人身上。关注出错的地方以及由此造成的影响。

（3）倾听。出错的背后可能存在充分的理由，不要随意假设。

（4）表现尊重。这不是证明谁正确或者谁有道德优越感的比赛，不要带着情绪处理问题。

（5）保持积极乐观的态度。放手去行动，即便在最艰难的情况下，你也有选择的余地，哪怕是不愉快的选择。避免陷入困境，不要出现"我说这个，但她说那个""不管怎样他又说了别人，然后我做了但他没做""我以为这样，但她实际的意思是……"这种谈话很快就会使自己陷入僵局。

双方需要明确下一步：谁来做什么，在哪里、何时以及如何去做。避免出现任何不确定性，看看对方是否需要帮助。重要的是，你要有勇气进行这些对话。越有勇气，你就越敢说那些不受欢迎的话，而这会改善现状，并不会引发冲突。

成长型思维：
从平凡到优秀的七种思维模式

合理的预算

在本书调查过程中，没有一个领导谈论过与钱或预算有关的话题。这算不上意外，毕竟我们谈论的是思维模式。但在现实中，做不到收支平衡，你就无法改变世界。领导者很容易在钱的问题上犯糊涂。

有些领导者把金钱视为目标，即成功意味着拥有巨额的私人存款。这只是他们的计分方式。这时，钱不再与需求和欲望有关，而是与地位有关。这就是导致投资银行发奖金时场面会变得异常丑陋的原因，如果我得到 100 万美元的奖金，而其他人比我多拿了一点，我就会摔门而出（当然，在这之前要确保奖金已经存在于自己的账户中了）。

专注于使命和任务而非自己的领导者，你就会把金钱当作实现目的的手段，而不会把金钱当作目的本身。但是在协商预算时，他们会变得强硬而冷酷。我曾经合作过的一个最优秀的经理其实比较懒散，但他特别擅长协商年度预算。一年中总有一个月，他会进入高强度的工作状态，证明自己需要降低目标和增加预算，这意味着他总会比那些接受了用较少资源完成较高目标这些艰巨挑战的同事更好地完成工作。

我创立的每一个慈善项目，最初都是处于一穷二白的状态。我没有钱，没有资源，只有一个创意，还有远大的志向和了不起的同事。这其实是好事。这意味着我必须集中精力，必须创新方法完成目标。这也迫使企业无法循规蹈矩，必须依靠原创生存。我们应该用同样的思维模式应对资源不足的情况。面对资源减少 20% 的相同问题，最优秀的领导者和普通的领导者会提出不同的问题。

- 普通的思维模式："我们怎样才能减少 20% 的预算？"
- 出色的思维模式："在资源减少 20% 的情况下，我们如何完成任务，甚至做得更好？"

第一种思维模式会把我们局限在人事、财产、采购和其他预算问题上。你所在的组织规模只会越来越薄弱，而不能迎合未来发展，最终会被淘汰出市场。

第二种思维模式能让每个人从不同角度思考问题，让人们想办法去改变、去提高。这种思维模式让人们有了重新创造的自由。这是一种更积极主动的讨论，也有获得更好结果的可能。这样想问题既缩减了所在组织的规模，又能让它更适合未来的发展。

强硬的领导方式让我们看到了领导的"阴暗面"。但要想取得成功，阴暗面是领导者无法摆脱的一面。

专断型领导

从某种程度上说，一个人强硬的态度可能会转变为独断专行，最终可能导致专断性格的出现。态度强硬的领导和专断型领导的区别在于使命。态度强硬的领导者专注于所在组织的使命，而专断型领导只有"自我"这一个使命。一些优秀领导者很有钱，但对他们来说，财富只是工作的副产品，金钱并非他们的最终目标。谈到事业时，他们每个人都充满激情和活力，他们为自己所在的组织感到骄傲。

专断型领导同样存在。他们就是阴暗面里的黑暗元素，我们无法像哈利·波特一样用咒语就能对付他们，我们必须承认他们的存在，再去寻找到一些切实可行的方法应对他们。

我们首先要知道如何锁定专断型领导，以下是他们展现出来的一些表象：

（1）肤浅的魅力与高智商；

（2）看不出紧张或者没有那些神经性表现；

（3）不可靠；

（4）虚伪，不真诚；

（5）缺乏悔恨和耻辱感；

（6）无缘由的反社会行为；

（7）缺乏判断，不能从经验中学习；

（8）病态地以自我为中心，缺乏爱的能力；

（9）酒后会做出古怪且令人讨厌的行为，有时不喝酒也会这样。

许多专断型领导非常聪明，他们能说出令人信服的谎言，吸引狂热的追随者。他们往往会在一个组织里构建一个无人能触动的小团体（大多数专断型领导是男性），追随者爱他，但其他人怕他。你要么追随他，100% 忠诚于他，要么与他为敌。从积极的角度看，专断型领导可能因为他们大胆的领导方式而受到重视，他们愿意承担别人不敢承担的风险。历史上那些著名的独裁者，其中大多数很有可能符合专断型领导的标准。假如你是个专断型领导，你大概不会读这本书。如果你不是专断型领导，当你遇到这样的人时，你就要学会如何应对他们。

一个简单的方法就是加入他们。他们能成功，还能取得很大成功，历史上成功的独裁者一再证明了这一点。可如果选择跟随他们，你就从名义上成了追随者，而不是领导者。专断型领导不喜欢展现出太多自由思想的追随者，他们要的是盲从。

如果你是领导者，就不要用专断型领导的规则和他们斗争，他们更咄咄逼人，更善于撒谎和欺骗，因为他们一辈子都在进行着这样的实践。适当的反应，既不咄咄逼人，也不被动消极——被动消极会使你进入受害者模式。最合适的方法，就是坚定自信。表 8-1 列出了三种不同的方法。

表 8-1　选择你的思维模式

	被动的受害者	自信的领导者	咄咄逼人的专断型领导
特征	让别人为你选择；拘谨，注定失败	为自己而选择；诚实，自我尊重，寻求双赢	为别人选择；不得体，提高自我；以他人为代价获取利益
自己的感觉	焦虑，被忽视，受人操控	自信，尊重自我，专注于目标	优越感，总是反对他人，控制感

（续表）

	被动的受害者	自信的领导者	咄咄逼人的专断型领导
让他人产生的感受	罪恶感或优越感；对你感到失望	受重视，被人尊重	羞辱与厌恶
外界对你的看法	缺乏尊重，不知道你的立场	尊重，知道你的立场	充满报复心,恐惧,愤怒,不值得信任
结果	失败，自身受到损失	经过协商获得双赢	以别人为代价获胜

"坚定自信"适用于任何时候。这种方法你用得越多，就越熟练、越自然。在应对专断型领导时，你的态度可以很强硬；而当面对受害者时，你可能会更加体贴。但基本的方法是不变的，你需要明确自己的目标，尽可能找到双赢的办法，互相尊重。恶霸和专断型领导依靠那些忍气吞声并且容易受控制的人生存，当他们发现你不好欺负时，他们就会转而去寻找别的目标。

隐藏的风险

钻石纯洁而耀眼，煤不仅脏还会污染环境，可钻石和煤都是由碳构成的。同样的一种物质，既可以美丽，也可以丑陋，每一种思维模式也是如此。在企业界，任何好创意要么会被轻视，要么会迅速遭到滥用。"战略意图"如今指的是高管想做的任何事；"核心竞争力"是我们略微擅长的事情。这些辞藻华丽的企业理念说起来特别好听，但它们与《哈佛商业评论》第一次所提到战略意图和核心竞争力的意思已经相去甚远了。

本书七种思维模式的危险之处在于，它们会重蹈所有企业理念的覆辙。它们会遭到滥用，直到变得无关紧要。本书的下一部分列出了每一种思维模式存在的主要陷阱，我们可以把这些内容看作成功路上的危险警告。已知存在风险，能否避免就看你自己的了。

志存高远

志存高远似乎没有什么错。但在实践中，粗心的人可能会忽视两个隐患。

第一个隐患在于，志存高远的对象是使命，而不是个人。我们都见过有着远大理想的人……但他们想到的只有自己。他们想的全是"我、我、我"。这些人要么已经是专断型领导了，要么正在成为专断型领导。他们认为："我应该成功，这是不够的——其他人应该失败。"个人野心和非要分出输赢的心态是有毒的，这会引发组织内讧和分裂。个人野心会导致个人的成功，让个人获得财富。个人野心也许能在一段时间内维系一个组织，但却要组织付出高昂的代价。根据我的观察，优秀领导者的高远志向都是针对使命和任务的，他们都很自觉地工

成长型思维：

从平凡到优秀的七种思维模式

作，关心自己为什么工作。他们的成功更有持续性，也能以更小的人事代价创造出更好的工作氛围。

志存高远的第二个隐患在于，为了更有效地实现目标，组织上下必须拥有同一个目标。这并不难理解，但很多领导者总会掉入这个陷阱中。他们拥有高远的志向，但是发现没有人拥有和他们一样的激情后，他们就会感到沮丧。造成这种情况的原因有两点，两者都是可以避免的。

首先，如果你是 CEO 而不是清洁工，也不是目标混乱、资源不足、需要与同事竞争、永远不把话说清楚的中层管理人员，你就更容易拥有高远的目标。站在舰桥上的船长视野开阔，锅炉房里的技工就看不到那么好的景色。你要想办法将自己的宏伟愿景转化为能让锅炉房里的技工和清洁工关心并兴奋的事物。

其次，领导者远见的形成是一个长期的过程，这需要时间和精力。在一个案例中，一位 CEO 经过六个月的努力，才形成了一个激进、令人兴奋且富有创意的想法。他把自己的想法分享给执行委员会成员，得到了他们的支持。随后，他又向更大范围的人群公开了自己的想法。六个月后，沮丧的他快要拔光了自己的头发，因为除了执行委员会成员，似乎没有人能真正理解他的想法。其他人不理解，这一点也不让人意外。CEO 和他的团队花了六个月才想出来的东西，其他人只有 30 分钟的"消化时间"。让组织上下分享你的想法，这需要时间、精力和无休止的沟通。另一位 CEO 指出，形成一个创意或想法并不困难。经过两年的转型，他发现自己大约有 60% 的时间花在了沟通和阐述自己的观点上。不要让团队落在后面，不要期待一个 30 分钟的演讲就能让他人理解你花费了六个月才形成的想法。

勇于行动

还记得前面提到的那个消防队队长的话吗？"我不需要勇敢的消防员，因为勇敢的消防员很快就会变成牺牲的消防员。"牺牲了的领导者同样没有意义。

在大多数情况下，我们的领导者不需要在死亡和光荣之间做出选择。但谁都对"英勇无畏的领袖带领所有人到达应许之地"这种想法寄予期望。这是我们看不上政治领导人的原因之一，他们往往像英雄一样做出承诺，但却无法履行自己的承诺。

个人英雄主义是一个容易让人掉入的陷阱。当你终于坐进单独的办公室、成为高管的时候，当你发现地毯更厚、办公室里的花更新鲜的时候，奇怪的事情就会出现。突然间，所有人都觉得你讲的烂笑话很有趣；你的愚蠢的想法被看作天才之举，并且立刻得到了执行；你从战略到艺术的一切判断都变得无懈可击。如果你相信了这些奉承的话语，危险就会来到眼前。那种状态下的 CEO 好像变成了一个十几岁的孩子，他们不知道什么是风险，不在乎得到什么结果。与尤利乌斯·恺撒不一样，不会有奴隶来提醒你："记住，你终有一死。"你需要找到一个冷静的、能帮助你回到现实的人，这时接受人生指导也许会有用。

个人英雄主义的第二个问题在于"单干"的心态。具有极端个人英雄主义的人认为他们一个人就可以做到一切。事实却恰好相反。在复杂的世界中，"领导"是一项团队运动。一位优秀领导者的标志，就是他是否打造了一支高质量的团队。

坚韧不屈

堂吉诃德（Don Quixote）曾经做出过挑战风车的壮举，他以为风车是巨人，风帆是巨人"接近五千米长的手臂"。拥有坚韧不屈的思维模式，你会不断战斗；可如果过于执着，你所做的就成了毫无意义的战斗。你甚至不会意识到那些只不过是毫无意义或无关紧要的战斗。最坏的情况下，坚韧不屈的思维模式将会转变为阴谋论，你会认为戴安娜王妃是被猫王和美国总统肯尼迪联手谋杀的。尽管所有证据都指向了相反的结论，但你却毫不怀疑自己目标的正确性。事实上，你在自己心里发起的"圣战"，早已不符合现实了。

通过下面这份简单的清单，你可以确定一下自己是否在进行正确的斗争。中国古代军事家孙子曾说过，除非出现以下情况，否则不该投入战斗：

（1）有值得争取的奖励；

（2）知道自己能赢；

（3）没有其他方法能实现目标。

商业上的大多数竞争如果没能满足上述标准之一（有时甚至是全部标准），那这样的竞争就毫无意义。

积极乐观

"宇宙中的生物——快乐吧！违者处死！"这是无情的明皇在电影《闪电侠戈登》（*Flash Gordon*）中发出的命令。告诉人们要快乐、开心、积极或真诚，这其实没有什么意义。然而，有大量的培训项目，其本质就是让参与者假装积极乐观。学会微笑，学会说"正确"的话，做"正确"的事，这只是一种表象，而不是现实，因为积极乐观必须发自人的内心。表面积极一个下午就能学会，而真正成为积极乐观的人需要很多年的学习，甚至会持续一生。

积极乐观思维的第二个陷阱在于，这种思维模式会挤压现实。一位银行主管喜欢进行有关"以解决方案为中心"的演讲。我们可以大概想象出他的演讲，"给我解决方案，不要给我问题。你是解决问题的人，还是制造问题的人？"如果你为这样一个主管工作，当经济疲软导致贷款量剧增、呆账坏账不断出现时，你会怎么做？你可能会选择掩盖问题，因为你不想被看作是制造问题的人。当然，该炸的高压锅早晚会爆炸，银行会破产，最终只能靠纳税人的数十亿血汗钱来拯救。

积极乐观的另一种形式，就是鼓励问题早日浮出水面。每一个问题都是学习的机会，问题越早出现，造成的损失也就越可控。

承担责任

对于粗心的人来说，承担责任的思维模式存在三个陷阱。

（1）负责崇拜。这是一个经典的培训课程。我们坐在一个密不透风的房间里，房间最前面的宣传者身旁是一个活页板，他说着一套特许经营理论。我们不得不猜测他到底会在活页板上写什么。他想灌输给我们的想法是，我们每个人要对世界上发生的一切负责，无论是全球变暖、世界和平、世界饥饿，还是世界历史和世界未来。这也能自圆其说。如果我们不对全球变暖或者全球资源危机做些什么，我们就没有资格抱怨最后的结果。虽然无法改变历史，但我们能控制自己对历史的态度。更明确地说，我们可以选择自己愿意承担的责任。但是极端形式的负责反而会产生负面影响。

（2）英雄的陷阱。从这个角度来说，尽职尽责和无所畏惧具有相似性。认为自己无所不能的老板，自然认为自己需要对一切负责。这使得他们无法有效地对下属授权、分派工作。他们只相信自己，他们要让整个组织依附于他们自己都不

确定的能力。他们总想成为拯救组织于水火的孤胆英雄，
而灾难本身很有可能就是由他们自己一手造成的。

（3）语言的陷阱。如果笔杆子比宝剑更有威力，那么语言就是
一种武器。承担责任也可以成为一种致命武器，它具有三
种毁灭性的作用。

○ 罪恶感："你是负责人，你为什么不……"这种指责性的语
言，能让发言者成功转移责任。

○ 转移责任：这种方法能让发言者避免承担寻找解决方案的责
任，在企业的钩心斗角中，这是一种很凶狠、有害，却总是
有效的方法。

○ 抢占领土："我对……负责"的潜台词是"离开我的地盘"。

这三种语言陷阱保护了发言者的利益，却会导致组织内的
冲突和怨恨。

善于合作

这种思维模式最大的问题，就是容易混淆合作与受欢迎程
度之间的界限。合作的基础是构建相互信任。这是一种职业关
系，可以说不好听但又是事实的话。尽管这很艰难，但却卓有
成效。善于合作与友谊、是否受欢迎无关。

一个人在意"受欢迎"与否，就是他向软弱迈进了一步。
想成为受欢迎的人，你就必须妥协。你要接受员工为迟到、不
能完成任务或者没能力找出的借口，努力让他们的生活变得轻

松。是否受欢迎,取决于你的下一次妥协,而妥协意味着你无法得到团队的尊重。

合作的思维模式意味着在必要时你可以向对方提出挑战。可以肯定的是,挑战能迫使人们进行合作。肯尼迪提出将人类送上月球的挑战,就成功地逼迫了全美工程师、科学家、技术人员、大学师生和军队进行了大规模的合作。

合作的思维模式是在共同利益的基础上寻求双赢,而受欢迎的思维模式只是抱着"有人愿意做出回报"这个虚无缥缈的希望不断付出。了解自己的利益所在,勇敢地向他人宣传并合作吧。

不断成长

我们可能用了一辈子的时间寻求个人成长却一无所获。在组织化的世界中,你会发现有专门致力于个人成长的人,他们通常都是好人,但他们学而不精,没有任何专长。他们宁愿做写报告这种"安全"的工作,也不会主动付出行动。他们的理想工作是加入智囊团,只靠为不同的主题写报告而谋生。

成长本身不是目的,而是达到目的的手段。创立 Teaching Leaders 项目时,我们意识到市场上有很多培训学校开展的关于中层干部的项目,但这些项目的名气都不算很好。我们不想让 Teaching Leaders 项目在培训上成为领军者,而是希望自己的项目拥有最大的影响力。这个项目的使命,就是通过培养出色的中层领导来减少教育不公平的现象。这意味着孩子的进步是我们的主要考察标准，教师的进步并非主要标杆。最终，我们得到了一个声誉良好且蓬勃发展的项目，这个项目能够帮助中层领导者更快地成长与发展。重新审视一下你所参与的培训项目吧。这个项目的目的是培训技能，还是培训影响力？如果为影响力而接受培训，尽管仍然需要技能培训，但整个培训项目突然间变得更有意义、更加可靠、更具紧迫性了。相比只为了成长而成长，关注成长所能带来的成果会更有力量、更有效果。

要点梳理

最优秀的领导者都拥有强硬的态度，他们往往会在四个方面展现出强硬

/ 正确的目标：寻找最能发挥个人潜力的目标，并持之以恒地为之努力。

/ 合适的团队：打造最佳团队，取得平衡，不容忍软弱。

/ 正确的表现：尽早开始艰难的谈话。

/ 合理的预算：努力协商，因为没有资源就不能改变世界。

七种思维模式都有要小心提防的阴暗面

/ 志存高远：不要只关注自己，而要专注于使命，获得团队的支持。

/ 勇于行动：不要做孤胆英雄，成功靠的是团队努力。

成长型思维：

从平凡到优秀的七种思维模式

/ 坚韧不屈：避免无谓的战斗。出现以下情况时再去战斗：

- 有值得争取的奖励；

- 知道自己能赢；

- 没有其他方法能实现目标。

/ 积极乐观：不要拒绝承认问题，当问题出现时，要认识到问题的存在并积极处理。

/ 承担责任：不要试图一个人做到一切。

/ 善于合作：不要寻求受人欢迎，要建立信任和尊重。

/ 不断成长：学习是一种手段而不是目的，行动是关键。

后 记

超越成功，终身成长

回到思维模式的光明面——享受你的旅程

思维模式意味着如何成为最好的自己。别忘了，领导者也是人。莎士比亚说过：

如果你用刀剑刺我们，我们不是也会流血吗？

如果你用笑话逗我们，我们不是也会笑吗？

如果你用毒药谋害我们，我们不是也会死吗？

那么如果你欺侮了我们，我们难道不会复仇吗？

有人的地方，就会有多样的人生，无论是好是坏，是聪明还是愚蠢，是强大还是弱小，是风趣还是严肃。世界上不存在完美的人类，也不存在完美的领导者——没有任何一个领袖能满足所有要求。我们不需要完美。

我们也不需要学其他人的样子。人们有时把理想的领袖描绘成亚历山大大帝和特蕾莎修女的结合体。假如让这两人交换一下背景，会出现怎样的景象呢？想象一下特蕾莎修女率领大军横扫千里，再想想亚历山大打扫加尔各答贫民窟的情景，也许他能成功，可当地人就要遭殃了。所以，领导力与环境、背景有关。我们必须找到最能发挥自身优势的环境，再围绕自己打造一支能够避免我们任何（微小）缺点的团队。

只靠模仿他人无法成功，只靠做自己同样不能取得成功。如果我们像一个无处释放荷尔蒙的青少年，焦虑地等待世界认可我们与生俱来的天赋和魅力，那将会是非常漫长的等待。这是一个似乎没有出路的悖论——做自己或者做他人都无法成功。

打破这个悖论的方法，就是成为最好的自己。这意味着成长型思维模式至关重要。我们需要不断学习、成长，不断累积自己的优势。这意味着"领导"是一段旅程，而非目的地。

如果说"领导"是带领人们前往本不可能成为目的地的地方，那么"领导"这段旅程，在我们产生"领导"的欲望时就已经开始了，即便那时我们还在上学，也不会妨碍这段旅程的开始。领导的关键在于你做了什么，而不在于你的头衔。无论职务为何，只要得到合适人群的支持，你就能带来改变。改变就是领导。

"领导之旅"往往开始于培养技能，我们必须完善技能、选择专业。一般来说，会计师需要知道如何检查库存，但到了50岁还在检查库存，你的领导之旅大概就没走多远。想要让旅程继续，你需要的不只是技能。技能就像是一种商品，拥有这种商品的人很多。掌握最新技术的人往往年轻、廉价而饥渴。只依赖技能，你就必须与这些人以及来自低收入国家的更廉价的资源竞争。你需要的远不止技能。

在领导之旅中，你必须具备的下一层次的素质，是人际交往能力和政治技巧。若是想让那些不受自己控制或自己不喜欢的人完成工作，人际交往能力至关重要。人际交往能力指的是激励、授权、绩效管理、指导与支持。与之相比，重要性不那么明显的是构建政治技巧。政治并非绝对是坏事，这是一种能在部门内或跨部门之间完成工作的艺术。你需要培养谈判、合作、调整议程和协调冲突的能力。

所有的技能一般都可以通过经验获得，无论是亲自经历还是观察他人都能获得这种经验。这就像领导之旅的学徒期，理论上的不足可以通过实践来弥补。

有了技能、人际交往能力和政治技巧，你就可以成为一个相当出色的领导者。但是在出色的领导者与伟大的领导者之间，存在着一个看不见的障碍。出色的领导者可以稳步推进，而伟大的领导者会带领人们抵达超出想象的目的地。最优秀的领导可能并不具备普通领导者的外在技能，但他们都拥有正确的思维模式这一特别的能力。

有了正确的思维模式，你就比其他人多了一个无形的优势。一个人的技能可以观察和模仿，但想观察和模仿一个人的思维模式就难得多了。正确的思维模式意味着面对同样情况时你能做出与他人不同的反应，也许你更有勇气、更坚强，或者看待问题的态度更积极乐观。因为思考问题的角度不同，你会得到不同的结果。

不同的思维模式不仅意味着不同的为人处世，还意味着你走上了与同事完全不同的道路。你一旦把自己放在了能够学习和迅速成长的位置，就能抓住更有挑战性的机会。其他人看到的是风险，而你看到的却是机会，你能看到不同的世界。这时，你的人生就像电影，即使有时刺激感大于舒适感，但也是生动而令人难忘的。有了正确的思维模式，人生的大起大落也会让你感到愉快——偶尔的挫折不是跌入了死亡峡谷，而是前往下一个巅峰的跳板。

思维模式是一种秘密武器，能让你取得无法想象的成就。思维模式不是可以外包给最便宜的劳动力市场的商品，而是他人无法单纯模仿、复制的一种能力。培养正确的思维模式并不要求你成为另一个人，它只是帮助你成为最好的自己。成功的秘诀就在你的大脑里，去释放它们吧！

没有人能预测未来，每个人都会经历不同的旅行，踏上不同的道路。当目的地不确定时，我们就应该充分享受旅行的过程。只有喜欢，你才能做到最好。无论我们将迎来怎样的旅程，享受这个过程吧！

版权声明